大学英语教学模式与实践研究

魏慧仙　陈秀娟 ◎ 著

吉林出版集团股份有限公司

图书在版编目（CIP）数据

大学英语教学模式与实践研究 ／ 魏慧仙，陈秀娟著

. — 长春：吉林出版集团股份有限公司，2022.9

ISBN 978-7-5731-1952-0

Ⅰ．①大⋯ Ⅱ．①魏⋯ ②陈⋯ Ⅲ．①英语－教学模式－研究－高等学校 Ⅳ．①H319.3

中国版本图书馆 CIP 数据核字（2022）第 157236 号

大学英语教学模式与实践研究

著　者	魏慧仙　陈秀娟
责任编辑	滕　林
封面设计	林　吉
开　本	787mm×1092mm　　1/16
字　数	220 千
印　张	10
版　次	2022 年 9 月第 1 版
印　次	2022 年 9 月第 1 次印刷
出版发行	吉林出版集团股份有限公司
电　话	总编办：010-63109269
	发行部：010-63109269
印　刷	北京宝莲鸿图科技有限公司

ISBN 978-7-5731-1952-0　　　　　　　　　　定价：68.00 元

前　言

　　大学英语教学现状可以看出，教师所教的学生普遍存在共性，就是试卷成绩高、实战能力差，这一教学效果的缺陷使得英语的教学效果受到很大的影响。所以，随着新课改的不断发展，处于当今时期高校的教学，要不断深入进行大学英语教学模式的探究创新，充分地将多元互动教学这一重要的模式运用到教学活动中，从而优化教学的效果，培养学生的英语能力。

　　很多国外的外语教学模式具有多样化的特点，探究的维度也十分广泛，折中主义的观点备受人们的欢迎。在外语进行教学活动中从折中的角度出发，为学习者营造多元化的学习氛围。因此，国外在进行教学活动中一般运用的教学模式有课堂讲授型、相互交流型和折中型三种。因为国际化步伐不断加快，所以高校的英语教学模式也在不断改革创新，逐步朝着开放性、多向性的方向发展。紧接着，教学的环境也逐步出现转变，开始朝着多元化、开放性的方向发展。所以，教师在进行教学模式的选择时要注意教学目标的确定，要通过教学激发学生的学习热情，选择适应学生的教学策略，培养学生具备正确的学习观，能够积极主动地参与到学习中。当今时代由于信息技术的飞速发展，所以高校的英语教师要注意不断探究教学模式的创新发展，不断促进多元互动教学模式的完善，为学生营造一个具有开放性特点的学习氛围，从而不断提高学生的英语水平。

　　在高校的英语教学活动中充分地运用多元互动教学模式，促进其具有开放性，能够促进教师创新发展教学观念，为教师的活动设计打好铺垫，充分地呈现这一教师模式的优点所在。除此之外，要想促进学生的英语素养水平得到提高，就要为学生提供丰富的学习资源，设计科学的教学活动，从而提升学生的能力。

　　由于笔者水平有限，时间仓促，书中不足之处在所难免，望各位读者、专家不吝赐教。

目　录

第一章　大学英语教学现状

第一节　大学英语教学问题的症结剖析

笔者认为，我国高校的公共英语教学一直是基于一个统一的教学大纲，缺乏分类指导，学习英语通常是为了通过考试（当然不排除日常交际的功用）。自全国大学英语实行四、六级考试以来，各高等院校对英语越来越重视。很多学校要求所有专业的学生要通过一、二年级的学习最后通过"全国大学英语四级考试"，"四级"考试主要测试学生的听、读、译、写能力（现在又对部分学生增加了口语考试）；这对于调动学生学习英语的积极性、提高英语教学水平起到了很大的促进作用。然而，由于没有后续教学，非英语专业学生在通过了大学英语四、六级考试后也就意味着"圆满"地完成了在大学期间的英语学习。大三、大四两年基本上没有系统的英语课程，ESP 并未得到应有的重视，ESP 教学尚处于初级阶段，关于 ESP 教学的具体理论研究及实践还不成体系，适合中国学生的教材十分有限。ESP 教学的匮乏与社会发展对人才的需要相矛盾。目前高校培养出的大学生绝大多数看不懂英文产品说明书，更不晓得某个术语用英语怎么说，他们无法用英语获取相关的专业知识。这样的教学是不完整的，更是无法顺应时代需求的。随着我国入世和进一步实行对外开放，社会对外语人才的需求呈多元化趋势，单一外语专业或单一技术技能型的人才已经不能适应市场经济的需要，人们普遍感到学校中所学英语满足不了实际交际的需要。目前外语界最热门的话题就是"如何培养复合型人才？""如何提高学生的英语实践能力？"这意味着当前的外语教学必须顺应时代要求，转变教学模式，由单科的"经院式"人才培养转向"宽口径""应用型"复合型人才的培养模式。要做到这一点，必须大力倡导 ESP 教学。

与国外 ESP 的快速发展形成鲜明对照，ESP 在我国的发展相对滞后。我国 ESP 研究起步较晚，国外六七十年代 ESP 研究兴起之时，我国应用语言学的研究几乎处于停顿状态。从 20 世纪 70 年代起，我国一些理工科院校相继成立了外语系或科技外语系，组织和实施大学英语教学，各个省成立了大学英语教学专业委员会，全国成立了大学英语教学模式与方法的创新探究教学指导委员会，专门组织大学英语教学、研究、考试。对于 ESP 研究始于 70 年代末，到目前为止，我国外语界对 ESP 在课程设置、教学法、教材建设、ESP 工具书编纂等方面进行了多维的探索。为了更好地传授 ESP 课程，对与之关系甚为密切的工具书进行研究，并依据这些研究成果编纂相应的辞书，如《英汉自动学及检测仪表词汇》《英汉计算机技术词典》《英汉美术词典》《英汉社会科学词典》《英汉空气动力学词典》等。但就编纂的宏观结构和微观结构而言，不少辞书存在着诸多缺憾。其间也发表了不少 ESP 的相关文章和论著，遗憾的是，大部分仍停留在介绍国外的研究成果上，只有少数结合自身 ESP 从教经历探讨大学 ESP 教学模式。与国外 ESP 的系统研究相比，国内方面的研究相当有限。

ESP 教学兴起于 20 世纪 80 年代初，标志为科技英语和经贸类英语专业的设置以及由此带动的各类专业英语课程的开设。同时一些外语院系也开始尝试开设"科技英语"课程，并尝试与外界交流。1981 年，在联合国开发署的资助下，ESP 教学网在北外、上外、西外的出国人员培训部成立，任务是帮助 ESP 项目学员（主要是科技人员）用半年左右的时间完成语言训练，掌握英语交际能力，然后按中国与联合国有关组织和机构商定的经济技术合作项目派往国外参加学术交流、学术深造或研究。

一方面实践领域付出了巨大的努力，另一方面却不时传来学术界对 ESP 是否存在的种种质疑。对于是不是有"科技英语"（专门用途英语在我国的另一种叫法），我国的外语界从一开始就有一场针锋相对的争论。当时中国科技大学研究生院李佩在向中国科学院各研究所发出的征求意见书中就记载了这样的意见分歧：

近年来，我国外语界对大学公共英语教学应取向"科技英语"还是"普通英语"一直有所争议。所谓"科技英语"是 70 年代海外开始流行的"专用英语"引进中国后的一种说法。赞成"科技英语"者认为随着科学技术的飞速发展，国际交往的日益频繁，英语已成为国际学术交流所必备的工具，因此认为"科技英语"或"学术英语"应是大学英语的主攻方向，以满足学生的特殊需要。而主张"普通英语"者则认为无论何种专业系统，其所用英语均属于该语言的大体系之中，只有"为科技用的英语"，而不存在什么"科技英语"，只有让学生打下一个扎实的英语基础，方能真正使其起到得心应手的工具作用。在李佩所选的中国科学院各研究所所长和研究员的回信中，基本上反对"科技英语"说法。如："把外文的基础打好，读科技文章就不成问题"。"我偏向于以'公共英语'为基本，只有掌握这门语言的'共核'部分，才能有利于在科技方面的应用。""我 100% 地支持大学公共英语应取向'普通英语'的看法。"中国科学院院士，当时复旦大学校长杨福家甚至撰文指出："不能将语言简单地划为'科学英语'，乃至'物理英语''生物英语'等等"，并断言"'科学英语'根本不存在"。张少雄撰文认真评述了科技英语词汇不存在的种种理由，并由此断言：不仅科技英语词汇不存在，按学科分类方法分割出的各种专业英语，除有一定程度的心理意义以外，并无理论上的科学性，也没有实践上的必要性。

学术上意见不同完全可以争论，但当时这场争论已超越了理论上的探索，直接影响我国的大学英语教学课程设置和发展方向。在较长的一段时间里，这种观点占主导地位：我国的大学英语教学是基础英语即普通英语的教学，不需要也根本没有必要进行专门用途英语的教学。按照一般的理解，科技英语是 ESP 的重要组成部分，我国的 ESP 教研也是首先从科技英语开始的。如果科技英语不存在，ESP 存在的理由就必然苍白无力。出现这种尴尬的局面有多种原因，最主要的是长期缺乏理论研究使得我国高校的 ESP 教学体系多年来处于较为混乱的状态，突出表现在教学大纲对 ESP 课程定性与定位不明、ESP 师资匮乏、教材滥用等方面。

1983 年，上海交大受国家教委的委托，对全国部分院校毕业生在工作中使用英语的情况进行了调查分析，这是我国大学英语教学首次对学生的交际需要进行分析，以后又对部分院校新生入校时的英语水平进行了调查分析。这些分析虽然不尽完善，却为国家教委 1985 年颁布的《大学英语教学大纲》（理工科本科）（以下简称 85《大纲》）的制定提供了重要的数据资料。

85《大纲》将大学英语分为专业英语阅读阶段和基础阶段。大纲指出了专业英语阅读阶段的培养目标是：使学生能以英语为工具，获取专业所需要的信息。尽管 85《大纲》中不少内容的确定都采用了 ESP 的路子，如"微技能表"就是以 Munby 的被应用语言学界誉为 ESP 中最深刻、最严谨的需要分析的《交际大纲设计》（*Communicative Syllabus Design*）一书为蓝本，但《大纲》没有明确 ESP 课程，只是遮遮掩掩称是"专业阅读"（尽管最初开设的课程以科技英语为主），没能明确指出它到底是英语课还是专业课，至于到底读什么，深度、难度如何，均没有量化的指标。85《大纲》对 ESP 教学没有实质性的推动，加之 ESP 本身的跨学科性和当时社会经济状况对英语要求不高，因此在经历了 80 年代末到 90 年代初短暂的科技英语热之后，ESP 教学发展几乎停滞，原本设立 ESP 专业的学校，由于毕业生没有明显的优势，不得不放弃 ESP 特色。例如，原华西医科大学曾在 1986 年开设了医学科技英语专业，学生除学习英语外，每学期还至少学习一门医学课程，学制相应延长至 5 年，其培养目标为医学院校英语教师，毕业生既能胜任公共英语教学，也能承担医学英语甚至医用拉丁语教学。但走上教学岗位的毕业生反馈医学院校有的没有开设医学英语，有的开设了但不是由外语教师任课，因此该校英语专业从 1994 级学生开始，基本上停开了所有的医学课程，学制也缩短至 4 年。

就教学对象来讲，ESP 和 EGP 一样在我国有着广大的学习者。许多岗位的工作人员利用业余时间参加 ESP 课程培训，从每年有几十万的学习者参加由剑桥大学举办的 BEC(Business English Certificate) 考试就可以看出这种趋势的存在。从国家教委到外语学界的专家、学者以及一线教师都意识到了开设 ESP 课程的重要性。1996 年出版的高等学校理工科本科用《大学英语专业阅读阶段教学基本要求（试行）》弥补了 85《大纲》的缺陷。对《大纲》中关于专业阅读课教学的要求和安排做了进一步阐述，制定了课程的教学基本要求，加快了专业阅读课教学规范化的步伐。同时，外语专业教学内容和课程体系改革也在紧锣密鼓地进行中。1994 年年底，国家教委制定了高等院校面向 21 世纪教学内容和课程体系改革计划，《面向 21 世纪外语专业教学内容和课程体系改革》课题项目由上海外国语大学和北京外国语大学合作承担，并邀请了北京大学、清华大学、复旦大学、南京大学、对外经贸大学、外交学院、华东师范大学和解放军外国语学院等院校的专家、教授参与工作。为了便于开展研究，分别成立了由上海外国语大学和北京外国语大学牵头的南北方两个课题组，在国家教委高教司外语处的直接指导下工作。课题组自 1996 年正式开展工作，1997 年 6 月截止，课题组分两个阶段进行了大量的调查研究、信息数据统计和分析研讨工作。两组分别设计了调查问卷，分析反馈信息，并在此基础上撰写了分析报告。 1997 年 6 月，课题组成员参加了高等学校外语专业教学指导委员会英语组年会，1997 年 11 月，又参加了全国外语院校协作组年会。在两次年会上，课题组成员认真听取了外语界专家对外语专业教学内容和课程体系改革的意见和建议，与会专家肯定了课题组的调研工作以及关于外语专业教学改革的总体思路。

经过对全国部分外语院校（系）人才培养和教学现状的摸底调查，基于各院（系）的总体改革和发展情况，结合 21 世纪对外语人才的需求，课题组提交了《关于外语专业教育改革的建议》（以下简称《建议》）。《建议》的核心内容是：21 世纪是一个国际化的，高科技经济时代、信息时代、智力和人才竞争的时代。我们培养的学生作为 21 世纪的社会主义建设者和接班人，应该是能立足我国以经济建设为中心的各条战线，面向改革开放前沿，适应市场经济，利用所学语言和知识，在传播沟通信息和进行科研成果的对外交往与合作、从事教育与科学研究等方面胜任工作，并发挥积极作用。这是 21 世纪的中国和世界对外语专业人才提出的新要求。这份建议还指出，外语教育专业改革的当务之急是转变教育思想，更新教育观念。由于社会对外语人才的需求呈多元化的趋势，过去单一的外语专业和技术技能型人才已经不能适应市场经济的需要，市场对纯语言专业毕业生的需求量正逐渐减少。因此外语专业必须从单科的"经院式"人才培养模式转向宽口径、应用性、复合型人才的培养模式。其实，英语专业的学生仅仅是 ESP 学习者的一小部分，更大一部分来自非英语专业的学生以及专业工作人员。ESP 课程的进一步明确是 1999 年修订的《大学英语教学大纲》（以下简称 99《大纲》），正式提出了"专业英语"的名称，对"专业英语"的地位与重要性给予了充分的肯定，并规定为必修课。其明文规定："专业英语是大学英语教学的一个重要部分，是促进学生完成从学习过渡到实际应用的有效途径。各校均应在三、四年级开始专业英语课……切实保证大学英语学习四年不断线。"99《大纲》的要求明确了大学英语第二阶段即提高阶段的教学方向（第一阶段为基础阶段），为大学高年级阶段的 ESP 教学定了位。

但 99《大纲》的问题依然存在。既然是《大学英语教学大纲》做出的规定，那么专业英语课理应属于英语课程系列，是公共基础课。但是由于《大纲》规定"专业英语课原则上由专业教师承担，外语系（部、教研室）可根据具体情况配合和协助"。在实际操作中，外语教学部门的配合和协助基本上是一句空话，ESP 课程完全成了专业课教师的副业。可能是《大学英语教学大纲》对 ESP 的定位不明导致各个学校教务部门对它的认识五花八门。以同济大学为例，在 42 个开设有 ESP 课程的专业中，有 21 个把它列为专业基础课，15 个把它列为专业课，还有 6 个把它列为公共基础课。同济大学的情况在全国高校中很有代表性。作为专业课或专业基础课，ESP课程理所当然地应该由专业课老师来组织教学。而作为公共基础课（大学英语课程的一个分支），则应该由英语教师来组织教学。从ESP的全称English for Specific Purposes来看，它首先是一门英语课，应该由英语教师来承担。无论是英美等英语国家还是新加坡、罗马尼亚、中国香港地区等英语水平较高的国家和地区都把ESP课程作为英语教学的一个分支，由英语教师来承担教学工作。而在我国，由于定位的不明确，ESP课程一小部分由英语教师承担，其余大部分由专业课教师包揽，使得从事ESP教学的教师主要有这样两类：

第一类教师：在服务前（pre - service）以学文学为主，后从事EGP教学。由于教学计划改变，或为满足学习者新的需要，转向一些较热门的专业英语，如法律英语、商务英语、科技英语等。由于本身不是某一话语共同体的成员，给教学带来一定的局限性，如不完全熟悉该专业的业务，无法了解学习者的各种需要，不精通该语言体裁的特点或词汇特点，容易将专业学科教学上成英语的辅助课，使语言教学易走弯路，不但费时、低效，甚至误导学习者。

第二类教师：在许多高校，专业英语都是由某一系或专业的英语水平较高的专业教师承担，这些教师的优势是熟悉本专业的词汇与交流机制，既是目标话语共同体的成员，又是该专业的行家里手。但是专业课教师讲授ESP课程有很多缺陷。首先，教师自身的英语应用水平和教学水平值得怀疑。不能否认少数专业课教师有较高的英语应用水平，就如汉语讲得好的人不一定会教中文一样，他们是否有能力组织有效的ESP教学，还很难说。更何况，英语应用能力强的教师不一定被安排去教ESP课程，这就不可避免地使相当一部分教学任务落到了英语应用能力本身还存在问题的教师身上。同济大学的相关调查表明，不少从事ESP教学的专业课教师对自己的英语能力信心不足，多数老师只用传统的语法翻译法教学。同济大学作为全国排名靠前的重点大学，情况尚且如此，那么众多不如它的高校情况如何，就不言而喻了。其次，专业课教师无论是教学还是科研，都把主要精力放在了自己的专业上，ESP课程只不过是"副业"而已，花在上面的精力非常有限，这就直接导致ESP教学方法呆板、教学效果差、科研停滞不前。而对ESP教学和科研有兴趣的英语教师则苦于没有机会从事教学实践，即使搞科研，也只能纸上谈兵，无法理论联系实际。

另据韩萍、朱万忠等调查，由于ESP对教师有专业与语言的双重要求，许多高校的专业教师，由于他们自身语言底子不足又缺乏语言教学经验，选择的教学模式主要还是"翻译＋阅读"，很少涉及语言综合技能的全面训练，在课堂中扮演的角色仍然是"以教师为中心"的"传道授业解惑者"，学生也只是知识的被动接受者；同样，由语言教师担任ESP课程教学，由于不懂相应的专业知识和ESP教学之于EGP的特殊性，也难以胜任。ESP师资选择陷入两难的境地。陈冰冰对温州大学师生的访谈发现，许多教师对ESP教学没有组织设计交际任务或活动，仍使用传统的呈现式、灌输式教学法或使用精读或阅读的教学模式进行教学，整个课堂只有来自教师的输入（input），忽视了学生对所学语言的输出（output），"哑巴英语"现象仍然没有得到改观。受英语四、六级全国统考的影响，全校外语教师普遍重视基础英语，从事 ESP 教研的教师寥寥无几。这在该校 2004 年度校级 ESP 教研立项的项目数量中就可以看出：总共 39 个项目中，有关大学英语的有 6 个，而有关 ESP 的只有 1 个（《英美报刊选读》教学创新之探索）。同样，其他高校也存在着厚此薄彼的现象。

99《大纲》中要求的各校"要逐步建立起一支相对稳定的专业英语课教师队伍，成立由学校领导和专业英语教师组成的专业英语教学指导小组，统筹、协调、检查专业英语教学方面的工作"，明示了 ESP 师资力量不稳定的突出问题。一般院校很难找到既通某种专业又通外语的"全科教师"。一般的英语教师缺乏必要的专业知识，讲授的深度和广度受限，加之基础教学任务重、压力大，无力担此重任；而专业教师对于大学英语教学的内容不熟悉，对学生在基础阶段所接受的训练及掌握的语言知识、技能了解不多，在讲课中出现该讲的没讲，不该讲的又重讲的现象，加之自身英语水平的限制，不利于指导学生的专业英语阅读。

尽管专业课教师和语言教师的合作一直为 ESP 研究者所提倡，可是王蓓蕾在对同济大学 ESP 教学情况调查中发现，ESP 教师都是专业课教师，其中只有两位和其他教师合作教学。他们的教学重任仍在专业课上，他们认为 ESP 课程备课量大，对教师有专业和语言的双重要求，费时费力，不如上专业课有成就感，教师队伍不稳定。甚至于些高校或推迟开课的时间，或索性根本不开设 ESP 课程。

事实上由于长期以来 ESP 在大学英语教育中的定位模糊不清，像上文提到的选择教师的尴尬仍在继续发生，围绕着这个话题的讨论也在继续进行。章振邦教授指出："现在的问题是我国的普通英语教学太长，对专业英语重视不够，从小学到中学到大学学的都是普通英语，所谓'四级''六级'测试，都是在测试普通英语的水平。大学英语教学迟迟不与专业挂钩，怎能要求学生毕业后走上需要专业英语的工作岗位能够胜任愉快？"刘法公指出，中国英语教学界对基础英语和专门用途英语教学之间存在不少模糊的认识，认为英语教学的任务就是培养学生的基础英语技能。我国许多高校的现状是重视基础英语，忽视 ESP 教学，极大地影响了学生综合英语能力的培养。著名学者秦秀白教授认为我国 ESP 教学尚未进入成熟阶段，一个主要原因是没有解决好 ESP 在大学英语教育中的定位问题。

各专家、学者都曾就此提出自己的解决方案，刘润清建议给大学英语教师举办师资培训班；黄建滨和邵永真认为应"选派英语功底好的优秀专业课教师担任专业英语课的教学任务，并在待遇上给予特殊政策"；蔡基刚则认为 ESP 教学应"主要由外语教师来承担，而双语课可由专业教师授课"；还提出鼓励年轻的具有硕士学位的外语教师攻读其他专业的博士学位，加强和双语课程专业课教师的业务合作等。

笔者认为最根本的原因还是长期以来我国外语师资培养结构不合理、ESP 教师教育专业空缺。传统的师范外语专业知识结构单一，偏向纯语言知识的传授，学科知识与跨学科知识互不挂钩，外语师资与专业师资培养各自为政，忽视了"ESP as a multi - disciplinary activity"(Dudley – Evans &ST John) 的事实，缺乏对英语作为国际性语言应与时俱进、与世界经济全球化同步发展的前瞻性考虑。当然，我国个别高等院校已经注意到了这一问题，并实施了一些对应措施，广东外语外贸大学就开设了法律英语的博士点；其商务英语学院每年还派送商务英语教师赴英国兰开夏大学攻读国际商务英语教学或工商管理硕士学位；上海外贸学院定期派送英语教师到英国进行 ESP 师资培训。这些做法当然值得极力推荐，可是就国内大部分高校目前的条件来讲，还是不太现实，即使能够做到，也是杯水车薪，解决不了整个问题。

除大纲和师资问题外，教材的问题也相当严峻，不容乐观。开展专门用途英语教学必须依靠合适的系列教材，没有一系列科目适当、难度适中、语言适宜的专门用途英语系列教材，就无法保障教学质量。国家教委没有组织各系统各专业统一编写专业英语教材。基本上每个学校以自行编写或选编为主，教材没有统一的教学目标，缺乏统一的指导思想，存在着较大的盲目性和主观性。各教材之间缺乏内在的连贯性与系统性，更少考虑到所选教材之于教学法的可操作性。有的教材是国外专业书的片段拼凑；有的只有课文，没有练习；有的只注重专业知识，完全忽略英语语言的训练。大多数是民间自发独立或联合编写的杂乱无章的教材。部分 ESP 教材的编写者从事通用英语教学，没有受过有关 ESP 知识的专门训练，对 ESP 的核心指导理论——"真实性"的理解不够完全，认为真实的语料仅指真实的书面语篇，忽略了听、说等真实的语篇、真实的课堂活动的运用和对语言教室交际场景文化真实的设计以及对学生真实学习策略的培养。一些教材虽然运用了真实阅读语篇，但内容陈旧，不能充分地调动学习者的积极性，教学效果不理想；某些教材练习仍然以语法、词汇、翻译等传统练习为主；还有一些则全盘采用外国杂志上的原始材料，难度大大超过学生已有的语言与专业水平，阻碍了课堂交际活动的安排。更严重的问题是，教材几乎全是由教师在课前选定，学生对教材的选择没有发言权。任何 ESP 课程的设计都要以学习者需求为基础去进行，而在我国，ESP 需求分析对绝大多数课程设计者来说还是一个陌生的概念，更不用说有人去做了。没有需求分析，课程设计者对各个领域的 ESP 课程是否有必要开设缺乏概念。比如，该以使学生达到什么程度为培养目标，达到这一目标需要多少学时，应该采取大班上课模式还是小班上课模式等。因此，就出现有的专业安排 ESP 课程，有的专业则没有，学时差异也很大，无论专业本身对听说读写要求如何，都采取大班上课模式。

目前，组织人力编写出较为完整、统一的专门用途英语教材是亟待解决的英语专业学科建设问题。近几年来，宁波大学、汕头大学、广州外语外贸大学、北京外国语大学的专门用途英语教师已陆续编写并出版了"现代国际商务英语""报刊英语""旅游英语""国际商务英语""国际金融英语""商贸法规英语"等教材并同时开设了相关课程，这一尝试值得借鉴推广。鉴于师资匮乏、教材滥用等问题，很多院校的专业阅读课迟迟不能开设。即便开课，课时也不能保证，收效甚微，形同虚设。王蓓蕾在对《同济大学 ESP 教学情况调查》一文中指出："调查表明，从总体来看，62% 的学生能看懂原版资料，但遗憾的是，

80% 的学生却无法用英语交流相关信息。看来 ESP 教学仍停留在专业阅读阶段。各专业的差异也较大，如地质学专业 70% 的学生能看懂原版资料，而给水排水工程竟有 50% 的学生看资料有困难。"

ESP 课程具有边缘性，是专业内容与英语语言技能培养的结合，各个领域的内容差别很大。目前我国多数 ESP 课程缺乏教学大纲，虽然 85 年、99 年的《大学英语教学大纲》对 ESP 课程做出了一些指导性的规定，但过于笼统，不能算作真正意义上的教学大纲，况且每个领域（如医学、法律、计算机、金融等）的 ESP 内容各不相同，不可能共用一个大纲。教学大纲的缺乏使得教师对教材的选取和讲授内容的多少自由度过大，责任心欠缺的教师可能会偷工减料，使教学内容大打折扣；即使责任感强的教师，也会由于对课程的认识不一致而影响教学内容和效果。教学必须有相应的评价机制，ESP 教学不同于一般的教学，不能用一般的教学评价机制来衡量，需要建立客观、公正、符合 ESP 教学规律和特点的评价机制，而大多数高校还没有建立起相应的 ESP 教学评价措施，使得教学长期处于无人监管的状态。教学发展的停滞不前使有关部门认识到了问题的严峻性，在 ESP 教学举步维艰、效果不佳的情况下，转而把希望寄托到双语教学上。教育部办公厅在 2001 年 9 月下发了《关于加强高等学校本科教学工作提高教学质量的若干意见》以下简称《意见》)，《意见》强调指出："积极推动使用英语等外语进行教学，按照教育面向现代化、面向世界、面向未来的要求，为适应经济全球化和科技革命的挑战，本科教育要创造条件使用英语等外语进行公共课和专业课教学。对高新技术领域的生物技术、信息技术等专业，以及为适应我国加入 WTO 后需要的金融、法律等专业，更要先行一步，力争 3 年内，外语教学课程达到所开课程的 5%~10%。暂不具备直接用外语讲授条件的学校、专业，可以对部分课程先实行外语教材，中文授课，分步到位。"这里所说的外语教学即双语教学。有关部门及高教界人士对双语教学提高学生 ESP 应用能力寄予厚望，但在具体的教学操作中，双语教学依然困难重重，成了很多学校教学上的一个死结。湖北大学的一位负责人在该校接受教育部评估前无奈地说："我校各项指标都能得 A，唯独双语教学率不及格。"接着，2004 年颁布的新的《大学英语课程教学要求（试行）》，虽然强调教学要与学生未来工作需要相结合，但对 ESP 教学几乎没有明确的提及。大学英语教学依然沿袭通用英语一统天下的套路，ESP 教学似乎已被淡忘，无人问津了。

ESP 在中国已有几十年的发展历史，遗憾的是出于种种原因，它依然未能挣脱大学公共英语和专业课程的羁绊。传统的"语言中心"和"教师中心"的教学法仍然根深蒂固，ESP 课程不免处于尴尬的境地，既不能满足学生提高语言能力的要求，也无法和专业课的重要性相提并论。时至今日，ESP 依然在夹缝中苦苦挣扎，祈求能有一片完全属于自己的生存空间。

第二节　英语基础知识教学中的问题

一、语音教学中的问题

我国的英语语音教学主要存在五个方面的问题，即对语音教学的内容和任务把握不够、对语音教学重视不够、教师语音不标准、对语音教学的长期性认识不够、学生的语音练习机会太少。下面我们就对这五个问题分别进行说明和分析。

（一）对语音教学的内容和任务把握不够

语音教学的内容不仅包括字母、音标和拼读，还包括语流、语调、重音等。但有的英语教师只关注前面几项内容，而忽视了后面几项，这就很容易造成学生发音尚可，拼读也还熟练，但语流不畅，语调不过关，最终影响朗读、口语能力的发展。这是因为，语调、重音等因素对语义的影响有时比单个音素还要大，而且对学生语感的培养极为重要。因此，英语语音教学不能只停留在单个音素和单词读音的层面，还应帮助学生在音长、重音、语调、停顿、节奏等方面打下坚实的基础。

除了知识性的传授以外，语音教学中教师必须使学生具备以下几种能力。

（1）能够听音、辨音和模仿语音。

（2）能够将单词的音、形、义联系起来，并能迅速做出反应。

（3）能够按照发音规则将字母及字母组合与读音联系起来。

（4）能够迅速拼读音标。

（5）能够将句子的读音和意义直接而快速地联系起来，从而达到通过有声言语进行交际的能力。

（6）能够朗读文章和诗歌。

（二）对语音教学重视不够

语音不仅是语言的基本要素，更是语言赖以存在的基础。可以说，世界上所有的语言不一定都有文字形式，但一定有各自的语音。因此，英语语音教学也应该是整个中学英语教学发展的起点。然而在实际教学中，对语音重视不够的情况并不少见。这一现象不仅表现为对学生的发音问题（如浊辅音发成清辅音、短元音发成长元音等）不认真纠正就放过；还表现为学生的语音基本技巧不纯熟，无法快速地将字母和语音联系起来，达不到直接反应的水平。总之，对语音教学的重视不够往往直接导致了学生语音基本技巧自动化程度不够。这一问题不仅阻碍了英语的后续教学，更影响了学生的语言能力和各项语言技能的发展。有调查显示，我国英语教学存在两极分化的现象，包括班与班、校与校、地区与地区的宏观分化和班内学生之间的微观分化。这种分化无不与语音教学有着莫大的关联。因为如果语音基础不好，读单词就会有困难，不会读或读不准单词也会直接影响单词的记忆和积累。而词汇量不够的话，阅读也就困难重重。另外，语音基础不好就无法将音、义快速联系起来，这也给听力学习造成了很大的困难。而英语听力能力的薄弱不仅会导致听力学习效果不佳，教师如果用英语授课，学生也难以跟得上，最后连听课都困难，就只能放弃英语学习。

（三）教师语音不标准

作为语言的基本功，语音看起来简单，但实际上要想做到发音准确是十分不易的。部分英语教师自身也存在发音不准确的问题。还有一些英语教师不分英式发音和美式发音。这在中国人看来似乎没什么，但在英语本族人听来就十分怪异了。要想解决这些问题，教师必须自觉地提高英语水平，进行一定的专门发音训练。此外，也可以使用录音机等教学工具，一方面保证语音的准确性；另一方面保证每位学生都能听得清楚，从而起到正音、正调，提高学生学习兴趣的目的。

（四）对语音教学的长期性认识不够

英语教学是从语音教学开始的，但这并不意味着语音教学只存在于英语教学的初期。事实上，语音教学应该贯穿于整个英语教学之中。这点常为一部分教师所忽视，导致学生的语音越来越差。高年级学生反而不如低年级学生敢于开口讲话。这些问题的产生都和教师对语音教学的长期性认识不够有很大的关系。因为语音是一种技巧性能力，"久熟不如常练"，语音的学习自然就需要经常练习。不仅要指导学生练习，教师自己也要不断地进行纠音和正调。当然，入门阶段以后的语音教学大多是融入语法、词汇、句型、课文教学和听、说、读、写训练之中的，虽然并不明显，但体现了英语学习的综合性质和科学规律。

（五）学生的语音练习机会太少

语音练习机会少是英语语音教学中的一个显著问题，也是学生英语语音学习效果不佳的一个重要原因。要想解决这一问题，首先，要坚持听音在先，听清、听准、听够，然后再模仿发音或读音。其次，教师可在纠正语音的时候画龙点睛地讲一些语音知识和练习诀窍，如设计单音成组比较练习，音调、词调、句调结合练习，或英汉语音对比练习等。此外，教师还应注意学生普遍存在的语音问题，并有针对性地对学生进行"发声"指导，帮助学生纠正这些语音问题。

二、词汇教学中的问题

我国的英语词汇教学主要存在四个问题，即教学方法单一、忽视学生主体地位、缺乏实际生活体验、缺乏系统性。下面我们就对这四个问题分别进行说明和分析。

（一）教学方法单一

词汇是学生在英语学习过程中最感头疼的部分。词汇的记忆和使用往往令学生感到枯燥、乏味。而综观我国的英语词汇教学可以发现，大部分教师依然采用传统的教学方法，即"老师领读—学生跟读—老师讲解重点词汇用法—学生读写记忆"。这种教学方法单调、乏味，学生处于被动的学习地位，这无疑加剧了学生对词汇学习的抵触情绪，词汇教与学的效果都不会太好。面对上述问题，教师必须重视教学的改革，采用多样、有趣的词汇教学方法来调动学生的积极性，提高学生学习词汇的兴趣。例如，教师可以利用实物、多媒体等教具来呈现和讲解词汇，从而达到吸引学生的注意力，提高他们词汇学习的兴趣的效果。

（二）忽视学生的主体地位

随着英语教学的不断发展，越来越多的人认识到学生在英语学习中的主体地位。然而，这种主体地位在实际的英语教学中仍未得到很好的体现，词汇教学也不例外。词汇教学本应注重对学生智力的开发，重视对学生的观察力、记忆力、想象力、思维能力以及创造能力的培养。而现实状况却是"教师只顾教，忽视学生学"。教师大多采用填鸭式教学，将词汇的发音、意思、搭配等知识灌输给学生，要求学生死记硬背下来，而忽视了对学生主观能动性的激发。实际上，学生的词汇学习到达一定阶段后大多已经具备了一定的英语词汇基础，且有能力对相关的词汇规律进行归纳和总结。因此，教师不应继续"独揽霸权"，而应发挥引导作用，使学生能够逐渐独立思考和总结、发现词汇规律、掌握词汇学习的方法，这样的词汇学习才能更加长久、有效。

（三）与实际生活联系不够

词汇教学方法的单一导致词汇的呈现、讲解大多局限在黑板和教师的口头讲述上，这也意味着其与实际生活的联系十分微弱，而不能使词汇学习与学生的实际生活联系起来就难以引起学生的词汇学习兴趣，也无法因材施教。

为解决这一问题，教师就要将词汇教学和实际生活多加联系。例如，教师可将所授词汇放在一个真实的语境中来呈现或讲解，也可以适度扩展一些学生感兴趣的词汇，还可以补充一些和所教词汇相关的课外内容，并做适当的引申。学生只有认识到所学词汇的实用性，才会产生强烈的学习动机，词汇学习的效果才会更好。

（四）缺乏系统性

英语词汇的教与学都可以按照一定的系统来开展，把握好这种系统性有助于加强词汇之间的联系，从而提高词汇教学的效率和效果。然而，目前我国大多数的英语词汇教学都严重缺乏这样的系统性。肖礼全曾指出："从小学到中学再到大学，所有的英语课本所包含的课文，其内容的主题都没有一个系统可循，几乎每一册课本都可能包含十个甚至更多的主题，如生活常识、人物事件、生态环境、旅游观光、社会道德、天文地理、历史经济等。"由于这些课文没有共同的主题，其所包含的词汇也就缺乏共同的纽带和轴心，学生能够依附的知识体系繁杂，因而也就无法形成一个可以展开或聚合的体系。这就容易导致学生在应用、记忆、复述、联想这些词汇时陷入一种无章可循的散乱状态，最终导致学生的英语词汇学习效果不佳。

要解决这一问题，教师就应将词汇教学纳入知识系统学习的轨道，用专门的知识系统来引领和组织英语词汇学习。例如，定期按照一定的标准（如相同主题、反义关系、相同语境等）对所学词汇进行归纳总结，这样学生才能更加有效地理解和使用词汇，词汇教学才能取得更大成效。

三、语法教学中的问题

语法是构筑一切语言的奠基石，是语言教学和考试中必不可少的部分。语法教学效果的好坏直接关系着学生对语言的理解和应用能力的高低。从我国英语语法教学现状来看，主要存在五个问题，即教学环境差、教学方式单一、教学时间不足、语法地位降低、教学缺乏系统性。下面我们就对这五个问题分别进行说明和分析。

（一）教学环境差

语言环境对语法教学的影响很大。若语言环境有利，则便于学生在真实的语境中理解和使用语法。若语言环境不利，就会对语法教学造成很大的阻力。在我国，英语教学是在汉语的环境下进行的，而英汉两种语言又分属于不同的语系，这就使英语语法教学处于一个不利的语言大环境之中。另外，国内大部分英语语法课堂教学中，教师大多采用汉语授课，更加大了语言环境的不利影响。学生在缺乏语境的情况下，对语法的理解和掌握不够深刻，只能机械地记忆教师教授的语法条目，却无法真正地掌握其使用方法，以致错误频出。要想解决这一问题，教师应尽量用英语授课，并注意结合真实的语境来教授语法，便于学生理解、记忆和使用。

（二）教学方式单一

"先讲语法规则，后做练习"是我国英语语法教学中最常使用，甚至是唯一的教学方法。然而，这种教学方法使学生处于被动的接受地位，无法调动学生学习的积极性。这种教学方法往往会令学生感觉好像听懂了、会用了，可是要使用的时候又感觉很陌生，总是遇到这样那样的问题。尤其是当几个语法现象共同出现的时候，学生往往会不知所措。因此，面对复杂而繁多的语法条目，教师务必要注意教学手段的多样性，以激发学生的学习兴趣，深化学生对语法条目的理解，实现语法教学效果的最大化。

（三）教学时间不足

在缺乏英语大环境的基础上，我国英语语法教学要想取得成绩，主要靠课堂教学效果。然而，英语课堂教学除了涉及语法教学以外，还涉及语音、词汇、听力、口语、阅读、写作、翻译方面的教学，这样一来，用于语法教学的时间就少之又少了。教学时间的不足也是制约英语语法教学效果的一个重要因素。要想解决这一问题，我们不能硬从其他语言知识和技能的教学中挤时间，而应将语法教学与听、说、读、写、译的教学融合在一起，这样就大大增加了语法教学的时间和效果，同时也不影响语言技能的教学，可谓一举两得。

（四）语法地位降低

近几十年间，英语语法教学经历了从"天上"到"地下"的巨大变化。早些年，语法教学是整个英语教学的重点，甚至还有教师将二者等同起来。一时间，语法教学的地位"无人能及"。然而随着由此观点指导下的英语教学弊端逐渐暴露，大量淡化英语语法教学的现象也随之逐渐显露。导致这种现象产生的原因有两方面：①有人认为，学生小学就开始学语法，到大学阶段语法学习已基本完毕，无须重复；②还有人认为，试卷中考查语法的题目较少，分值比重也很少，不值得花费太多的精力去学习。事实上，这两种观点均失之偏颇。下面我们就对这两种观点分别进行评述。

第一种观点将语法学习的时间长短和学习内容的多少、学习效果的好坏等同起来，这是不正确的。学习时间长并不代表学到的就又多又好。即使学生掌握了初、高中全部的语法内容，也并不意味着他们能够理解所学语法项目的全部用法。因为中学阶段的很多语法项目有时并不适用于大学阶段遇到的一些语法现象。例如，中学时期学习的条件状语从句的使用要求是"从句用一般现在时，主句用一般将来时"。但是当学生日后遇到类似下面的句子时，就会难以理解。

If it should fail to come, ask Marshall to work in his place.

本例中，不管主语的人称和数如何，从句动词一律采用"should+ 不定式"的形式，而主句动词则可根据语义意图采用不同的形式。其中，should 表示一种不太肯定的婉转口气，并不影响条件的真实性。条件状语从句的这种用法在初、高中时期并不多见，学生仅靠对条件状语从句的一般认识是无法彻底理解本句含义的。

由此可知，尽管很多语法项目看似学过，但往往包含了多种用法和意义。这些用法和意义显然无法在英语学习的初级阶段就全部学到。如果学生不能深入、持久地学习和更新语法知识，就很难理解那些看似熟悉的语言现象。

第二种观点本身就是目光短浅、只见表面不见本质的。尽管英语考试中直接地考查语法的题目所占分值不高，但作为语言构成的基础，语法无论是对英语学习还是对英语考试而言都具有极为重大的意义。这是因为，任何句子的分析和理解都离不开语法。无论是听力、口语、阅读、写作还是翻译，没有扎实的语法基础，学生就可能听不懂、说不对、看不明白、写不出来、翻译错误甚至翻译不出来。可以说，英语测试就是建立在语法基础上的，对学生语法的考查其实贯穿了英语考试的始末。

（五）教学缺乏系统性

语法教学系统性的缺乏体现为，学生虽然对个 别语法条目非常熟悉，但对与之相关的语法条目及其之间的差别与联系没有一个鲜明而完整的印象。例如，有一定英语基础的学生都能说出一些语法名词，如现在分词、过去分词、一般现在时、一般将来时、虚拟语气、独立主格等，但是如果让学生回答英语语法中有多少词类、几种时态、几种语态等问题，他们往往回答不上来。这种系统性的缺乏对学生全面、深刻地理解和使用语法知识而言是极为不利的。要想解决这一问题，教师应在语法教学过程中，对学过的语法项目多加总结，以帮助学生形成一个完整的语法体系概念。

第三节　英语听、说教学中的问题

一、听力教学中的问题

我国英语听力教学中存在的问题主要有学生畏惧听力、听力基础薄弱、教学模式单一、缺乏适度引导、教材现状不佳等，下面我们就对这几个问题分别进行说明和分析。

（一）学生的问题

1. 畏惧听力

听力是一种综合的语言能力。听力技能的培养涉及理解、概括、逻辑思维、语言交际等能力的培养。但在实际英语听力教学中，很多学生因为跟不上语音材料的语速，且思维缓慢，而不能使听到的语音转化成实际的意义，因而听力效果不佳。也正因如此，学生对听力学习总是心存畏惧。

2. 听力基础薄弱

学生听力基础薄弱体现在多个方面。

（1）英语基础功底差。很多学生即使到了大学阶段，所掌握的词汇量、语法仍然十分有限，对语音的识别能力还很欠缺。这些都直接成了听力的重大障碍。

（2）缺乏英美文化知识。听力材料中不可避免地会包含一定的文化信息，而学生对英语国家的历史文化、自然地理、风土人情、思维方式、行为习惯等不了解，就势必会影响听的效果，甚至会产生错误的理解。

（3）不良的听力习惯。我国的英语教学具有很强的应试性，这种环境不利于学生养成良好的听力习惯。另外，学生在课外也很少练习听力，因而导致他们的听力能力欠佳。

以上这些听力基础的欠缺积累在一起也会导致学生产生怕听的情绪。

（二）教师的问题

1. 机械的教学模式

当前我国英语听力教学多采用"听录音—对答案—教师讲解"的教学模式。这种模式下的听力教学不仅缺乏对学生的有效监督，而且忽视了学生对于语篇的整体理解，只是毫无目标地、机械地播放录音，一遍不行就放第二遍、第三遍，教师盲目地教，学生盲目地听，丝毫无法产生听的兴趣，教学效果自然不佳。

2. 缺乏适度引导

在应试教学的影响下，英语听力教学也多是围绕考试这个指挥棒而转的。教师大多将教学重点放在如何应付考试上，以考试的方式训练学生的听力能力，而不对学生做任何引导就直接播放录音。这就很容易使对生词、相关的知识背景等尚不熟悉的学生在听的过程中遇到种种障碍，不仅降低了听的质量，而且使学生产生了挫败感，进而对听力学习失去信心和兴趣。

与之相反的是，有的教师总是在播放录音之前对学生进行过多的引导，不仅介绍了生词、句型，还将材料的因果关系等一并介绍给了学生。这样一来，学生即使不用仔细听，也可以选出正确答案，这就很难激起学生听的兴趣，听力教学也就失去了意义。

由此可见，如何对学生进行适度的引导是关系听力教学质量的一个重要问题，太多或太少都会影响教学效果，教师应根据实际情况进行把握。

（三）教学条件的问题

1. 听力时间不足

由于大多数学生很少在课下积极主动地练习听力，因此，听力学习的时间主要集中在课堂上。而一节课时间有限，也不可能全部用于听力，因此，学生能够听的时间其实很少。而听作为一种综合性技能，它的提高并非一朝一夕能够实现的，这就造成学生听力水平提高缓慢。

2. 教材现状不佳

教材是教学得以开展的重要依据，对教学大纲以及练习的设计和安排有着直接的影响，对教学活动的开展起着关键的作用。好的听力教材不仅可以丰富学生的文化素质，还可以开阔学生的视野。但我国很多学校使用的听力教材存在内容陈旧、编排不合理等问题，不能反映迅速变化的时代，也无法体现最新的教学思想和教学方法，这也是我国英语听力教学效果迟迟得不到提升的一个重要原因。

二、口语教学中的问题

随着经济、科技、政治等各方面的全球化发展，人们需要用英语进行交际的机会也日益增加。口语教学引起了越来越多的人的重视，而我国学生的英语口语交际水平与实际需要还相差很远，"哑巴"英语现象普遍存在。造成这一现象的原因在于英语口语教学中存在诸多问题。下面我们从学生、教师、教学条件三个角度来分析英语口语教学中存在的问题。

（一）学生的问题

1. 语音不标准，词汇匮乏

受汉语语言环境的影响，语音基础不好的学生有的发音不准，影响了语义的表达；有的带有地方口音，听起来十分可笑；还有的不能正确使用语调、重音等，直接影响了英语口语语音语调的标准性。另外，由于缺乏练习，学生往往很难将学到的词汇用在口头表达中，而造成无话可说或不知如何去说的尴尬。

2. 心理压力大，缺乏自信

受应试教育的影响，初、高中的英语教学将重点放在了阅读和写作的训练上，而忽视了英语口语教学。这就使学生即使日后意识到了口语的重要性，也总是心虚、不自信。虽然有些学生的口语能力不像他们想象得那么差，却仍然不愿意开口说英语。即使有一小部分学生愿意做口头交流，也总是带有紧张不安的情绪，担心自己说错、被批评、被耻笑，更不要说那些发音不好的学生了。这些负面的情绪和压力对学生口语能力的提高显然十分不利。

（二）教师的问题

1. 教学方法滞后

我国的英语口语教学是作为英语整体教学的一部分而出现的，而并未被独立出来进行专门教授，因此英语整体教学中存在的问题也直接体现在口语教学上，其中教学方法滞后就是一个重要的问题。口语教学中，教师也习惯性地采用传统的"讲解—练习—运用"的教学模式。这看似体现了教学的规律，实际上却制约了学生说的积极性。在此教学模式下，学生只能被动地接受教师所讲授的词汇和语法知识，在没有语境的情况下做大量机械的替换、造句等练习，这样根本无法有效地锻炼口头表达能力。

2. 汉语授课

提高英语口语能力的一个重要方法就是多听、多说。然而，很多英语教师考虑到学生的英语水平参差不齐，为了使所有学生都跟得上教学进度，而不得不放弃英语授课，这无疑恶化了英语使用的环境，减少了学生用英语进行交际的机会。另外，为了追赶教学进度，应付大学英语四、六级考试，教师也多用汉语讲授知识点。

（三）教学条件的问题

1. 课时不足

口语教学的一个显著而直接的问题就是教学时间得不到保证。口语能力的提高需要花费大量的时间，进行大量的实践，而我国的口语教学被纳入英语整体教学之中，教学多重形式、轻运用，因此口语教学未能得到时间上的保证。

以高校使用的英语教材《新编实用英语综合教程》为例，该教材主要包括五项内容：听、说、读、写、译。每个班级若按 45 人计算，加上学生参差不齐的英语水平，那么即使分配给口语课 2 个小时，也显然不足以有太大的"作为"。可以说，教学时间不足是英语口语教学的硬伤，直接导致了学生的口语能力低下。

2. 缺乏配套教材

有关调查显示，我国众高校非英语专业的英语教材大多按精读、泛读、快速阅读、听力等单项技能分册发行，而专门的口语教材却十分少见。大多数教材都将口语训练当作听力训练的延展而附在听力训练之后，其内容也多简短、缺乏系统性。这是很难达到英语口语教学在整个英语教学中的比重标准的，同时也会使学生误以为口语不那么重要，因而从思想上轻视口语学习。而市场上为数不多的口语教材也多难以担当重任。因为这些教材要么是专门针对某一专业、领域的口语教材，难度极大；要么是有关简单的问候、介绍、谈论天气日常用语的教材，过于简单，无法满足社会各领域对相应口语能力的要求。由此可见，配套教材的欠缺是制约口语教学效果的一个重要因素。

3．口语评估制度欠缺

评估可以检验教学的质量，是教学中不可或缺的重要环节。我国最常使用、影响最大的评估方式就是考试。例如，小学、初中、高中都有相应的期中、期末考试，大学有英语四、六级考试。然而，这些考试多是对学生听力、阅读、写作、翻译技能的检测，无法考查学生口语学习的质量。而专门用于检验口语水平的测试少之又少。造成这一现状的原因在于，口语考试的实施与操作都有一定的难度，如口语测试材料难易程度的把握、考试形式的信度与效度问题等。对此，大学英语四、六级考试委员会在全国部分省市实施了大学英语口语考试，并规定了统一的等级评审标准。显然要想切实提高教师和学生对口语的重视程度，提高口语教和学的质量，仅仅增加大学四、六级口试是远远不够的，但大学四、六级口试制度的出台对于完善英语口语评估制度无疑提供了良好的示范作用。在此指引下，我国将来势必会推出更多、更科学的口语评估方式。

第四节　英语读、写、译教学中的问题

一、阅读教学中的问题

阅读教学看似简单，实际上也存在很多问题，主要包括教学观念错误、教学方法滞后、教材设计不科学、课程设置不合理等。下面我们就对这几个问题分别加以说明。

（一）教学观念错误

培养学生快速从语篇当中正确获取所需信息的能力是阅读教学的目的，而在实际的英语阅读教学中，这一目的已被很多教师曲解了。他们经常将阅读教学混同于词汇教学、语法教学。阅读教学中，教师常常过分重视语言知识的传授，抓住一个单词、语法点大讲特讲，阅读教学呈现出"讲解生词—逐句逐段分析—对答案"的错误形式，而忽视了学生对语篇的理解、从语篇中获取信息能力的培养。造成这一问题的根本原因就在于对阅读教学的观念错误，对阅读教学的目标认识不清，因而导致了阅读教学成为语法、词汇教学，学生阅读速度慢、质量差的情况并未得到改善。对此，英语阅读教学必须更正教学观念，将阅读作为一种实用的语言技能进行教授，不仅要传授学生语言知识，更重要的是传授给他们语篇和文化知识，同时还要注意提高学生的思考能力、分析能力、判断能力，拓展学生的视野，激发学生对英语阅读、英语语言以及英语文化的兴趣，提高他们的英语综合运用能力和人文素养。

（二）教学方法滞后

英语整体教学方法的单一、滞后在阅读教学中也有所体现：教师大多让学生自己阅读完后做题目，然后领着学生对答案，再对错题进行讲解。这种教学方法的应试性比较高，因而显得十分死板，学生的阅读习惯、阅读技巧等均得不到培养，主体地位得不到突出，主观能动性未得到很好的发挥，阅读的实际需求也得不到满足，学习兴趣更得不到培养，最终致使阅读教学收效甚微。尤其是在一些教学条件落后的偏远地区，英语教师对阅读教学的重视不够、研究不足、实践不多，以致难以形成科学、高效的教学方法，大大影响了阅读教学的质量。

（三）教材设计不科学

不同阶段的英语阅读教学会使用不同的教材，这些教材本身大多已经十分成熟，但不同阶段的教材之间却缺乏必要的连贯性，这也是英语阅读教材中存在的最主要的问题。具体来说，小学阅读教材注重词汇，中学阅读教材注重语法，大学阅读教材则注重阅读技能的训练。虽然这三个时期的教材各有侧重和针对，符合学生认知和阅读学习的规律，但由于每个阶段结尾与下一阶段的开始缺少必要的承接和过渡，学生一下子很难跟上进度，从而造成阅读教与学的脱节。

（四）课程设置不合理

阅读课程设置不合理也是影响阅读教学质量的一个重要问题。很多学校、教师错误地认为阅读教学是英语教学的附属品，导致阅读课程教学目标、教学计划不明确，阅读教学的课时、课程设计、师资力量以及教学组织都得不到保证，直接影响了阅读教学的效果。

二、写作教学中的问题

写作教学一直以来都是英语教学的重点，因而相较于其他英语技能而言，发展得更为充分。但其中也存在不少的问题，如教学缺乏系统性、形式重于过程和内容、教与学相互颠倒、重模仿轻创作、课程设置不合理、缺乏相关教材、批改方法不恰当。下面我们就对这些问题分别进行说明。

（一）系统性不足

写作教学的系统性不足主要表现在三个方面，即教学目标不系统、教学方法不系统以及写作指导思想不系统。

1. 教学目标

任何一种技能的学习都不是一蹴而就的，其教学也不可能取得立竿见影的效果。因此，英语写作技能的培养也需要一个循序渐进的系统过程。这种循序渐进首先就体现在教学目标的系统性上,这是实现英语写作目标的基本保证。

英语写作目标缺乏系统性是因为总体目标(针对学生的生理、心理特征,结合写作教学的自身规律,并在英语课程要求中明确规定的总体任务)与阶段性目标(根据总体目标制订的一系列的阶段性目标)之间互不协调,总目标与子目标之间连贯和衔接的科学性严重缺失。造成这一现状的原因可能是显性目标与隐性目标系统不平衡,也可能是教师对写作的目标体系与学生实际写作之间关系的模糊认识。无论是什么原因,这种写作总体目标与阶段目标的不协调显然会影响目标的实现。因此,学校、教师都必须克服这些不利因素,把握好英语写作教学的总体目标和阶段性目标。

英语写作教学目标之所以难以实现,一个主要的原因就是教师对英语写作教学目标与学生实际之间关系的认识不清。事实上,目标是教师和学生对学习结果的期待,是一个未实现的状态,因此教学目标与学生的实际之间必然存在一定的差距,适当的差距对于学生写作能力的提高而言是有利的,而过大或过小的差距则不利于学生写作能力的提高。基于这一点,英语写作教学可被视为帮助学生向目标逼近的过程。英语教师和学生可以借助目标与实际之间的距离,设定一些教学或学习步骤,并熟悉实现每一环节目标的条件、困难和可能性。否则,一旦教师对写作教学的目标与学生实际之间的关系和意义认识不清,就会导致行动和反应上的迟缓,直接影响写作教与学的质量。

2.教学方法

英语写作教学系统性不足还体现在教学方法上。所谓方法,就是一种对活动程序或准则的规定性,是一种能够指导人们按照一定的程式、规则展开行动的活动模式。系统性是英语写作教学方法的内在规定,是有效运用教学方法的重要基础。离开了系统,教学方法也就失去了意义和价值。这是因为,教学方法实际上是整个教学系统的一个子系统。它与教学目的、教学内容以及师生间的互动均联系密切:没有明确的教学目的,写作教学就会迷失方向;而脱离了教学内容,教学方法也就毫无意义;缺少了师生之间的互动性和双边性,教学方法也就没有了价值。因此,不同的教学目的、内容、师生关系应该对应不同的写作教学方法和运作。不同的内外条件,写作教学方法的系统运作会呈现不同的水平和层次。因此,英语写作教学方法的运作必须根据教学系统中的各项组成部分来实施,否则就会造成种种矛盾和冲突,影响写作教学的效率。而对照我国英语写作教学中所使用的教学方法可以看出,这些方法大多是无效的、失败的,因为它们大多不系统、不连贯,缺乏针对性。

3.写作指导

写作指导思想是否系统对写作教学质量的影响极大。写作技能和写作能力的生成虽然需要通过大量的练习来获得,但多练不等于泛练。如果写作练习缺乏目的性,即使花费很多时间也是无用的。另外,从遣词造句到段落和篇章的生成,从撰写记叙文到写议论文,从构思、行文到修改,整个写作是一个由浅入深的系统操作过程。因此,教师对学生的指导也应具有系统性。然而，我国的英语写作教学大多缺乏这样一种系统性。教师教的时候以及学生写的时候都没有一个明确的目标，更没有一个长远的规划，而是跟着教材随机地教授写作方面的知识和技能，这就大大降低了写作教学的效果。

（二）重形式、轻过程和内容

长期以来，我国英语写作教学存在重形式、轻过程和内容的问题，导致这一问题产生的原因如下。

1．欠缺英语思维

英语写作教学中，教师往往强调学生要用英语思维来写作，避免使用中式英语。然而要做到这一点很难。毕竟对于中国学生来说，英语是一种外语，汉语才是母语。学生的汉语思维模式已经根深蒂固，要想使英语思维成为习惯是极为不易的。

另外，很多人认为，英语写作中侧重语言形式的作用是必然的。所以，在英语写作教学中，重视文句的规范性与文章结构，忽视文章的内容和思想的现象仍然大量存在。部分教师也将文章结构和语言形式看作写作教学的主要内容。而初学写作的学生更是将学会把握文章结构和形式视为写作学习的终极目标。这些最终都使写作的教与学流于形式，很难触及写作的核心。

2．受历史传统影响

在早期的英语写作中，为了快速写出一篇符合要求的英语文章，人们常常模仿类似文章的语言形式和文章结构来写作。久而久之，教师和学生都将形式作为了英语写作教学的重点，而忽视了写作的过程和内容，写作变成了一种模仿，而非创造。

事实上，内容和过程对于写作来说也是很重要的。一篇好的文章应该具有丰富、深刻的内容，而这些内容仅仅靠对形式的模仿是无法实现的。语言的形式和文章的结构仅是作者表达思想和情感的一种手段。学生能否把握文章的结构和格式固然重要，但如果过分强调它们的作用显然并非好事。因为文章的思想和观点是写作和写作教学的根源，而文章结构和语言形式则是写作和写作教学的支流，根源上得不到保证，支流显然就失去了存在的基础。因此，英语写作教学必须处理好源与流、本与末、主与次的关系，在注重写作形式教学的同时还要重视写作内容的教学以及学生写作能力的培养。

（三）教与学相互颠倒

写作教学也并非一种知识性课程，学生的写作技能无法靠教师的讲解来获得，原因如下。

（1）写作是一种实践性活动，涉及写作的技巧和能力。因此，写作教学应该以学生的实践和操练为主，以教师的知识传授为辅。

（2）写作教学的目的在于提高学生的写作能力，因此写作应该是一种学生的个体活动，从构思、写作到文章修改，都应该使学生参与其中，教师过多的讲解只会耽误学生的写作时间，进而影响学生写作的积极性和主动性。

然而，我国英语写作教学一直存在教与学相互颠倒的现象，主要体现在以下两个方面。

（1）写作教学中仍存在教师大量讲解理论知识的问题，使学生，尤其是初学写作的学生，很容易觉得写作枯燥、无用，产生厌倦、畏难等情绪，因而丧失写作的兴趣，最终影响英语写作教学目标的实现。

（2）教师常以自己的写作经验为基础来指导学生写作，常对学生使用一些不恰当的话语指令或规则指导学生，剥夺了学生的话语权，限制了学生独立思考，简化了学生写作过程的心理体验，遏制了学生写作的创造性，使他们产生盲从的心理。这显然颠倒了写作教学中的师生地位，也很容易使学生在写作过程中在构思、行文和情感体验上出现雷同现象，写作创造能力得不到真正的提高。

（四）重模仿、轻创作

重模仿、轻创作是我国英语写作教学的一大弊病。尽管模仿是写作教学的起始状态，也是学习写作的必经阶段，更对我国学生（尤其是初学英语写作的学生）学习写作起到了促进作用，但模仿并非写作的最终状态。它虽然能够提高学生写作学习的效率，但过度的模仿并不利于学生写作能力的持续发展。因为写作不仅是一种个体的心智行为，更是一种创造的过程。从构思、行文到修改，写作过程始终体现着作者的个性特点与独立思考能力。写作过程中的意义和价值都是由学生创造而来的，一味地模仿必然会抑制学生的写作积极性与主动性，进而影响学生的写作动机和兴趣。

（五）课程设置不合理

除英语专业以外，我国部分英语写作教学是被纳入英语整体教学之中的，而并未被独立出来进行专门教授。这就很容易因为课时有限而无法花费太多的时间来组织学生写作。久而久之，学生也会误以为写作学习并不是最重要的。如此一来，不仅写作教学本身得不到时间上的保障，学生也会产生轻视写作的思想。

（六）缺乏相关的教材

目前我国的英语教材大多是集语音、词汇、语法、听、说、读、写、译于一体的综合性教材，关于"写"的专门教材相对较少。即使在英语整体教学中，虽然几乎每个单元都会涉及写作的练习，但并未形成一个科学的系统，同时也缺乏一定的指导，学生的写作练习也多处于被动地位，这对于写作学习而言是极为不利的。

（七）批改方法缺乏有效性

作文批改的方式方法也是写作教学中存在的一个显著问题。很多教师在批改作文时，重点仍然放在纠正拼写、词汇以及语法等方面，而忽略了学生在写作过程中思维能力的培养，这会使学生过分追求写作时的语言正误，而忽视了对文章结构、逻辑层次的把握。

另外，教师对学生作文的批语也同样重要。有的教师一味地指责学生写作中的错误，而缺少鼓励，这会制约学生写作的主动性，导致他们消极应付、望而生畏，对自己写作中出现的错误不能很好地改正。

（八）教学改革滞后

随着英语教学改革的不断深入，英语教师对写作教学也有了一定的新认识。尽管如此，英语写作教学方面的改革仍然相对滞后。学生英语思维能力的多方位、多角度、发散性、创造性、广阔性和深刻性仍然没有得到足够的重视和训练。除此以外，作为英语教学的一部分，写作应和阅读、口语、听力、翻译等方面的教学有机地联系起来，而在实际的英语教学过程中，教师并未真正地把写作教学与其他方面的教学融合在一起，而是孤立地教授写作，不利于学生对英语学习的全面认识，也不利于学生对写作学习的深入了解。

三、翻译教学中的问题

除听、说、读、写以外，翻译也是英语教学必不可少的一个重要组成部分。但在英语翻译教学中存在着很多的问题，既有教师方面的问题，又有学生方面的问题。教师方面的问题主要包括：教学形式单一，对翻译教学重视程度不够；学生方面的问题主要包括：翻译时"的的不休"，语序处理不当，不善增减词，不善处理长句。下面我们就对这些问题分别进行说明。

（一）教师的问题

1. 教学方法落后

教学方法是英语翻译教学的一个软肋。实际的英语翻译教学中，教师常采用"布置翻译任务—批改作业—讲评练习"的方法开展教学。由此步骤可以看出，后面两个步骤都是由教师完成的，学生真正参与的只有第一个步骤。这就使学生处于翻译学习的被动地位，整个学习过程不是在发挥主观能动性的积极思考和探索，而是被教师牵着鼻子走，这显然会使翻译教学的效果事倍功半。

2. 重视程度不够

对翻译教学的重视程度不够主要体现为以下几个方面。

（1）翻译教学中，教师往往不注重翻译基本理论、翻译技巧的传授，而仅仅是将翻译作为理解和巩固语言知识的手段，将翻译课上成另一种形式的语法、词汇课。

（2）学生做完翻译练习后，教师大多只是对对答案，对翻译材料中出现的课文关键词和句型等进行简单的强调，而缺乏对学生进行系统的翻译训练。

（3）就时间而言，教师花在翻译教学上的时间很少，通常是有时间就讲，没有时间就不讲，或只当家庭作业布置下去，由学生自己学习。

（4）英语教学大纲中对翻译能力培养的要求不具体。

（5）英语考试中虽然包含翻译试题，但其所占的比重远远不如阅读、写作等。以上这些问题最终使翻译教学质量迟迟得不到提高。

（二）学生的问题

1．"的的不休"

在实际的翻译操作中，中国学生每每看到英语形容词就自然而然地将其翻译成汉语的形容词形式，即"……的"，导致译文"的的不休"，读起来很别扭。

例如：The decision to attack was not taken lightly.

原译：进攻的决定不是轻易做出的。

改译：进攻的决定经过了深思熟虑。

It serves little purpose to have continued public discussion of this issue，

原译：继续公开讨论这个问题是不会有什么益处的。

改译：继续公开讨论这个问题没有益处。

2．语序处理不当

英语句子通常开门见山地表达主题，然后再逐渐补充细节或解释说明。有时要表达的逻辑较为复杂，则会借助形态变化或丰富的连接词等手段，根据句子的意思灵活安排语序。相较之下，汉语的逻辑性较强，语序通常按一定的逻辑顺序（如由原因到结果、由事实到结论等）逐层叙述。这种差异意味着将英语句子翻译成汉语时必须对语序做出适当的调整。而很多学生都意识不到这一点，译文也大多存在语序处理不当的问题，读起来十分别扭。

例如：The doctor is not available because he is handling an emergency.

原译：医生现在没空，因为他在处理急诊。

改译：医生在处理急诊，现在没空。

3．不善增减词

由于语言、文化等方面的差异，翻译时不可能也没必要完全拘泥于英语形式，即逐字逐句地翻译原文。事实上，根据原文含义、翻译目的等方面的不同，译文可根据实际需要而适当增减词。而很多学生并不明白这一点，因而其译文大多烦冗。

例如：Most of the people who appear most often and most gloriously in the history books aregreat conquerors and generals and soldiers...

原译：在历史书中最常出现和最为显赫的人大多是那些伟大的征服者和将军及军人。

改译：历史书上最常出现、最为显赫者，大多是些伟大的征服者、将军和军人。

4．不擅处理长句

英语中不乏长而复杂的句子，这些句子大多通过各种连接手段衔接起来，表达了一个完整、连贯、明确、逻辑严密的意思。很多学生在遇到这样的句子时把握不好其中的逻辑关系，也不知如何处理句中的前置词、短语、定语从句等，因而译出的汉语句子多不符合汉语表达习惯。

例如：Since hearing her predicament，I've always arranged to meet people where they or I can be reached in case of delay.

原译：听了她的尴尬经历之后，我就总是安排能够联系上的地方与人会见，以防耽搁的发生。

改译：听她说了那次尴尬的经历之后，每每与人约见，我总要安排在彼此能够互相联系得上的地方，以免误约。

第二章　教学基本理论

第一节　大学英语教学观察与思考

教学贵在得法，如何有效地开展大学英语教学工作，培养高素质的应用型人才，是大学英语教学努力的方向。本节就现代大学英语教学，从分级教学体制实施的利弊、优化课程设置、创新课堂教学形式三个方面进行分析，探索一条新时代的大学英语教学途径。

语言教学是一个国家教育体系中必不可少的组成部分，无论是人与人之间的交流或是国与国之间的对话，都离不开语言。在经济全球化的今天，英语作为一门世界语言的作用日益凸显。同时，中国和世界对英语人才的需求也与日俱增。因此，具有良好的英语表达能力已经成为时代发展的必然要求，也成为当代大学生必须掌握的技能。国家投入了大量的人力、物力和财力，在大学基础英语的教学工作中，旨在培养学生运用英语进行交际的能力。大学英语教学不仅要培养学生的听、说、读、写等基本语言技能，而且要培养他们运用英语进行跨文化交际的能力。在实际的教学工作中，我们如何有效地开展大学英语教学工作，培养高素质的应用型人才，是大学英语教学要思考的问题。

一、分级教学体制的实施

大学英语分级教学体制的实施，一直以来都饱受争议。很多人认为，分级教学是一种差别对待，会使英语水平低的学生产生自卑心理，不利于学生心理健康的发展。分级教学体制的实施加重了师资队伍的负担，同时也加大了教学管理的难度，因此分级教学在大学英语教学的实施一直发展缓慢。实际上，大学英语分级教学，是本着因材施教和提高教学效果的原则，根据学生的实际英语水平将学生划分为不同等级，进而采取不同的教学方案进行教学活动的一种教学体制。分级教学的最终目的是让学生在各自不同的起点上分别进步。这有利于教师开展针对性教学，将教学目标和教学内容设置得更加个性化，从而更加有效地提高学生的英语水平。

（一）大学英语分级教学的优势

我国幅员辽阔，区域经济发展不均衡，导致教育水平的发展也不均衡。地域差异和城乡差异造成了大学生入学时的英语水平参差不齐。把这些良莠不齐的学生安排在同一班级授课，教师难以根据学生的水平和特点进行因材施教，往往造成好生"吃不饱"，差生"吃不消"，打击了差生的上进心，同时又影响了好生的进步。显然，这种一锅粥式的授课制度，难以达到良好的教学效果。

此外，从认知心理学的角度看，人们的语言习得的唯一途径就是获得可理解性的语言输入。也就是说，如果教师传授的语言知识远远高于或者低于学生的认知水平或理解范畴，都不能进行有效的知识传递。只有最适当的知识输入，才能最好地被学生理解和掌握。在这种混合式的授课体系中，如果教师偏向好生进行授课，差生就无法跟上，从而灰心挫败，失去继续学习的动力。如果教师侧重于差生，又会使好生觉得上课毫无新意、索然无味，孰重孰轻，难以把握。

所以，根据学生英语水平的个体差异进行分级教学，使教学具有更强的针对性，有助于学生获得最符合他们需求的知识输入，在原有认知水平的基础上增长知识，获得技能。

（二）大学英语分级教学的瓶颈

在高校实行大学英语分级教学体制，普遍存在以下两方面的困难：其一，在师资储备严重不足的情况下，进行分级教学体制加重了教师队伍的负担，难以保障教学质量。近年来，为了响应国家号召，普及高等教育，高校不断加大招生力度，许多院校师资严重不足。据不完全统计，以每班 50 人为单位计算，很多英语教师每周的授课量在 14~16 节，有的甚至达 20 多节。如此高负荷的工作量，已经超出了教师的承受能力。如果再进行分级教学，班级容量变小了，那就意味着每个老师需要承担更多班级的授课任务，还有可能跨级教学，这无疑使本来就严重不足的师资力量变得更加捉襟见肘。教学工作量的加大、教学负担的加重，必然严重影响教师的教学质量。其二，分级教学体制也加大了学校管理的难度。这主要体现在学生管理、教学排课、教材征订和学生考试等方面。就学生管理和教学安排而言，分级教学无疑使得学生上课时间更加分散和复杂，这就需要更加科学、合理和有效的方法对学生实施有效的管理和监督。此外，既然采用分级教学体制，相对应的教材、考试制定也必须做相对应的分级配套调整，这也是一个耗资巨大的工程。

分级教学体制目前还处于探索阶段，是一个需要不断实践、不断摸索和不断完善的过程。同时它也是一个复杂的系统工程，关系学校管理的各个环节，只有相关部门紧密配合，才能顺利运行。分级教学体制作为大学英语教学改革的新事物，还需要广大英语教育工作者继续实践和总结。

二、优化课程设置

一直以来，大学英语作为高校的公共基础课，普遍采用的是综合教程进行授课。也就是一门集阅读、听力、语法、写作为一体的多种技能综合课程。其优点可以全方位地训练学生的听说读写译等综合能力；缺点在于多而不精，每一种技能都训练不到位。教师在授课的过程中，往往因为教学内容和训练技能繁多，教学安排顾此失彼，每种技能都没有得到充分的练习，从而影响教学质量。这种杂糅式的综合课程已不符合时代发展的要求，高等教育着眼于培养高精尖人才，因此按照技能模块设置课程无疑是优化课程体系一个很好的途径。我们可以把综合教程拆分为四门课程分别在大学的四个学期开设。它们分别是听力和情景模仿（Listening to Conversations and Conversations Imitation）、观点陈述和课堂讨论（Presentations and Classroom Discussion）、英文读写（Writing and Reading）、跨文化教学（Cross-cultural Education）。

（一）听力和情景模仿

听力和情景模仿是一门训练学生听说技能的课程，它着重培养学生两方面的能力：一是学生通过听情景对话记录下关键信息进而理解和掌握语篇内容的技能；二是学生根据听力中展现的情景对话，进行口头复述和模拟表演的技能。情景对话应尽量选取最生活化、最实用的主题内容，让学生充分感受到学到的知识是生活中最需要的，学而即用，从而大大激发他们的学习兴趣，提高学习效率。

（二）观点陈述和课堂讨论

观点陈述和课堂讨论课是一门能够让学生进行有效的课堂展示的课程。高校课堂应该给学生的个人展示创造条件和提供平台。学生针对某一主题在课堂上发表演讲，阐述自己的见解，这不仅能锻炼学生的口头表达能力，还能提高学生的综合素质，既能够促进学生纠正错误发音，又能够锻炼学生逻辑思维和自我展示的能力。同时，其他学生认真倾听演讲，并就演讲内容提出问题，大家共同交流与讨论。学生在这种自由热烈的课堂氛围中大胆阐述自己的观点，积极讨论，从而极大地提高学生的口语交际能力。教师在主题内容的选取方面必须多下功夫，精心设计，最好是时下贴近学生生活的热点问题，这样才能激发学生参与讨论的兴趣，创造学习的动力和在交流体验中激发语言表达能力的潜能。

（三）英文读写

英文读写课是一门帮助学生训练读写技能的课程。其目的是使学生通过大量的英语语篇的阅读，进而理解和掌握中等难度的一般题材的英文资料或通用的实用文字材料。同时，能借助辞典完成一般性题材和对外交往中实用文体的撰写和翻译工作。在这门课程实施教学的过程中，教学方式和教学手段很重要。教师要勇于创新，不拘泥于对语篇字、词、句的讲解，以及拼命地灌输给学生写作技巧和写作规范。而应该采取小组作业和研讨式的教学模式，激发学生的学习热情。

以阅读环节为例，教师可以将学生分为3人一组，共同完成文章一个自然段的阅读理解任务。3人分工如下：第一个人首先朗读一个自然段，第二个人提出问题（可以是字词理解的问题，也可以是语篇内容的问题），第三个人回答问题。下一个自然段学生交换角色，第二个人朗读文章、第三个人提问、第一个人回答问题，以此类推。学生在朗诵、倾听、发问和回答的多次循环中，对文章的理解逐步加深，进而完全掌握语篇的中心思想和文体结构。同理，这种小组作业的运作模式也会使背诵单词变得不那么枯燥乏味。教师也可以将学生分为 2 人一个小组，一个人读单词，另外一个人说中文意思，下一轮次，角色互换。学生在这种你来我往的互动模式下，自主学习、积极探索，充分发挥个人的自主性和创造性。

（四）跨文化教学

语言和文化是一个有机整体。大学英语的教学，除了对大学生进行传统英语教育外，还要让学生了解英语背后的文化。学生只有了解了语言的文化内涵才能感受到语言的魅力，从而激发他们的学习热情。跨文化教学这门课程的开设，目的就是使学生通过学习英美国家的政治、经济和文化，从而培养他们跨文化意识和克服跨文化障碍，最终取得跨文化交际的成功。因此，大学英语的教学绝不应只停留在听、说、读、写等基本技能的培养上，而应以交际能力的培养为目标，不仅传授语言知识，还要传播文化理念。随着改革开放的不断发展，国家需要面向世界，同时对对外交流人才的需求也会越来越大，这就要求大学英语教学应该重视跨文化教学。

三、创新课堂教学形式

中国的大学英语教学经过了十余年的改革和发展，早已跳出了单一的固有模式。新时代对英语教学提出了新要求，新时代的大学生对大学英语的教学方式也有了新期待。教师应该有能力根据学生的个体差异，设计出个性化的课堂，培养学生的自主学习能力，提高学生的创新思维。研讨式教学和浸入式教学是鼓励学生进行独立思考和自主探究的新型教学形式，它在鼓励学生充分发挥自己的优势和特长的同时，力求为学生创造一种自由平等的学习环境和生机勃勃的学习氛围。

（一）研讨式教学

研讨式教学是一种在系列问题引导下，在大量阅读的基础上，在教师主导下的以生生讨论和师生讨论为主要教学推进手段的模式。研讨式教学是教学范式的重大变化，即由过去的讲授式变为教授、讨论二元结构模式，它促使文科教学向学生自主型学习的方向发展。这种教学方式能促使学生花更多的时间在自主研究和参与活动、发现问题和解决问题上。研讨式教学的课堂不仅是知识传授的场所，而且是师生互相交流启发、碰撞思想、解决问题的平台。教师授课不拘泥于一种或几种教材，学生的学习也不仅仅是拘泥于课堂。学生在教师的引导下进行自主学习和积极探索，教师与学生、学生与学生之间形成了一个良性循环的交流圈。各种思想的火花在交流圈里碰撞，激发出智慧的结晶。

（二）浸入式教学

浸入式教学是指让学生浸泡在第二语言中，深刻地感受上下文语境，获得语言输入，语言习得的过程。这种浸入式的语言学习模式就在于语言输入假设。该假设认为，人们习得某种语言的条件是理解高于自己能力的语言输入，而这种理解依靠上下文语境。大量的目标语语境活动为学生提供了认知支架，促进了目标语的习得。教师可以充分利用校内校外各种资源积极开展丰富的课外活动，以浸入式教学促进学生的语言学习。例如，举办英语戏剧节、英语配音节、圣诞晚会、英语文化艺术展览等活动。学生在参加活动的过程中，进入了第二语言的真实环境，从视觉、听觉和触觉都受到了感官刺激。学生运用英文思维，配合丰富的肢体语言，用英语与伙伴交流，在这种实际英语环境中使用语言，达到语言习得之目的。这些活动可以由学生会或者英语协会负责组织和实施。教师可以选择性地参加部分活动，并结合这些活动的主题，在课堂上设计丰富的教学任务以深化和拓展相关的知识和内容，帮助学生更好地理解和掌握语言。

以上就如何准确地把教学目标和学生需求进行匹配，如何科学有效地优化课程设置，如何创新课堂教学形式，培养学生的自主性和创造性，做了一些分析。其目的是找到既有效地开展大学英语教学，培养高素质的应用型人才，又符合时代发展要求的最佳方案，探索出一条新时代的大学英语教学之路径。

第二节　大学英语教学科学化改革的思路

随着全球化的发展，我国越来越多地参与到国际事务中去，各个国家间的贸易、文化、政治交流日益密切，因此，我国对专业英语人才的需求量是巨大的。但是，我国大学英语在人才培养方面，高端专业人才输送较少。这主要是由传统教学模式中存在的许多问题造成的。因此，需要对大学英语教学进行科学化的改革，以此来适应时代的发展，适应人才培养的需要。

一、大学英语教学科学化改革的必要性

虽然各大高校为了提升英语教学水平，都纷纷对教学手法进行创新，但大多是"换汤不换药"，取得成绩的手段依然靠"逼"，靠压榨学生的休息时间，靠严格的考勤安排，这些方式虽然能够让学生的英语水平得到显著提高，但学生在这种高压状态下，很容易对英语产生厌烦情绪，甚至演变成憎恶心理。这种现状表明，大学英语教学改革必须遵循一定的客观规律，要在准确掌握这一阶段学生心理特征的前提下进行合理的教学调整，不可照搬照抄，亦不可操之过急。

二、大学英语教学科学化改革的思路

（一）提高师生互动，营造良好的课堂氛围

高校的课堂组织形式依然是班级授课，有利于发挥教师和集体教育的优势，对于提高教学效率起到了一定作用。但是班级授课方式有一个巨大的缺陷，那就是教学内容和教师

精力的有限。许多教师为了完成一定的教学任务，必须充分地利用好一堂课上的 45 分钟时间，因而可能在师生互动方面存在一定的欠缺。除去时间因素外，教师的观念也存在一定的问题。许多教师会认为学生的任务就是学好知识，那么只要认真听老师讲课就够了，对学生主观能动性的发挥普遍存在忽视情况。在互联网技术不断发展的当下，教师可以利用各式各样的多媒体设备来完成与学生的互动，这样不仅丰富了教学手段，也有利于吸引学生的注意力，激发其学习的兴趣与热情，营造良好的课堂氛围。此外，为了解决课堂时间与教师精力有限的问题，师生间的互动可以由课上延伸至课后，通过 QQ 群讨论、私信交流、互发邮件的方式，可以让教师在下课之后收集学生不理解的知识点，在日后的课堂上进行更加详细的讲解，对于个别学生提出的问题，教师也可以迅速地通过网络进行解答，从而全方位地提升教学成果。

（二）将文化因素融入英语教学

语言与文化是水乳交融、不可分割的，如果没有了文化的浸润，那么语言教学就会成为无源之水、无本之木。因为语言和文化之间存在密切联系，如果能在英语教学中融入一定的文化熏陶，那么就能取得更好的教学效果。现有的英语教学模式下，教师往往只注重对学生的词汇积累、语法知识、发音技巧等内容进行指导，而忽视了文化差异对英语教学产生的巨大影。要在大学英语课堂中导入文化因素，可以采用直接讲解法和隐性输入法。课堂讲解是一种最直接地了解英语区文化的方法，也是最直观地感受不同文化在语言表达上的差异的方法。在课堂讲授中，为了引起学生的兴趣，教师可以在讲课前进行适当的准备工作，了解学生比较想了解、比较感兴趣的文化内容，从而对自己的教学计划进行调整。隐性输入法主要是通过情景模拟的方式来实现的，通过课堂模拟的方式，营造特定的文化场景，鼓励学生参与互动，在"真听真看真感受"的方式下潜移默化地接受英语文化，从而助力英语学习，达到教学改革的效果。

（三）借助新媒体技术实现自主学习

在大学英语教学中，我们都习惯了以面对面的方式来进行授课和听课，在教师的板书和多媒体的展示中获取知识。随着信息化时代的到来，各个高校都普及了多媒体设备，因此，多媒体教学一度成为热门的教学方式。但时代是在不断变化发展的，在信息化的潮流中，我们又进入了全新的互联网时代，原有的教学方式已经不能满足学生日益增长的多元化学习需求，某些教师的知识水平也不足以解答学生的所有疑问。随着智能手机、平板电脑等现代化设备的普及，移动学习方式又成了新的热门学习方式，慕课、微课、微信公众号、英语教学 APP 等平台，为学生提供了更丰富的学习资源，更广阔的学习空间，以及更机动灵活的学习方式，可以让学生随时随地进行学习，不受场地、时间的限制，是教学方式的跨越式创新，更是教育的一大进步。利用移动设备进行学习，可以让学生变被动为主动，从被迫学习转变为主动学习。由于移动学习方式的灵活性，学生可以根据自身的喜好来安排学习时间和学习内容。此外，线上的教学内容比起线下教学内容的单调和枯燥，更能吸引学生的注意力，激发他们的学习兴趣。

在我国国际化进程日益加快的今天，外语教学在推动国际交流方面起到了越发重要的作用，外语专业人才在未来大有可为。但是，任何事物的发展都不会是一帆风顺的，总会面临许多曲折。如果各大高校能够抓住时代浪潮赋予的这一机遇，充分利用各类新媒体技术的发展，更新教学方式，那么将会给高校的英语教学带来巨大的变化，推动高校的英语教学体系又好又快发展。

第三节　价值引领融入大学英语教学

2019年3月，习近平总书记在主持召开学校思想政治理论课教师座谈会时指出，要坚持显性教育和隐性教育相统一，挖掘其他课程和教学方式中蕴含的思想政治教育资源，实现全员全程全方位育人。作为隐性德育教育重要手段的课程思政，就是把思想政治理论课内容融入各学科教学。本节以大学英语教学为研究对象，以课程思政和价值引领为切入点，从大学英语的德育功能、课程改革、学科特点、经验积累等方面着手分析把价值引领融入大学英语教学的重要意义与实施现状，探寻有效可行的实施路径，并提出包括强化大学英语教师进行价值引领的意识、确立在大学英语课堂上进行价值引领的目标、研究大学英语课程中进行价值引领的策略、建设大学英语课程中进行价值引领的载体平台、梳理大学英语教材中关于价值引领的话题、开展大学英语课进行价值引领的成效研究等可行性建议。

一、研究背景

（一）课程思政

近几年，课程思政，即把专业教学与思想政治教育有机结合成为高校专业课程建设的新重点。大学英语课程是语言教学，语言教学应是工具性与人文性的统一，而人文性的核心在于弘扬人的价值。语言教学的目标是人才综合素质培养与全面发展，这与思想政治教育促进人的全面发展的根本目标殊途同归。然而在课程教学中，英语语言的工具性常被过分强调，人文性常被忽视，语言学习的功利性很强，价值引领欠缺，教学内容和思政内容缺乏有机融合。大学生中存在自我意识强、不关心政治、责任感缺失，甚至人生观、价值观偏离的现象，为社会未来的发展埋下了隐患。把价值引领融入大学英语教学，是对党中央十八大后向高校提出的"各类课程与思想政治理论课同向同性，形成协同效应"这一新命题的响应与践行，是开展课程思政、落实学科育人的具体行为。

（二）价值引领

所谓价值引领就是引导学生进行正确的价值判断和选择。在当代中国，价值引领是指社会主义核心价值体系（马克思主义的指导思想、中国特色社会主义的共同理想、以爱国主义为核心的民族精神和以改革创新为核心的时代精神、社会主义荣辱观）与社会主义核心价值观（富强民主、文明和谐、自由平等、公正法治、爱国敬业、诚信友善）的引领。这些反映了当代中国精神，体现了全国人民共同的价值追求。帮助学生认知、认同、树立、践行社会主义核心价值观，是高校大学英语教学以学树人、以文化人的灵魂与核心。全国高校思想政治工作会议召开两年多以来，国家出台了一系列针对高校思想政治建设、文化建设的相关政策，价值引领成为语言教师必然担当的责任。

二、研究意义

（一）强化外语教学德育功能，推动外语教学课程改革

司马光曾说，自古以来，国之乱臣，家之败子，才有余而德不足也。把价值引领融入大学英语课程教学就是以此为戒，强化外语学科的德育功能，弥补传统应试语言教育重成绩、轻德行的不足，促进思政课程与课程思政合力育人。2016 年 12 月，全国高校思想政治工作会议上，习近平总书记强调要坚持把立德树人作为中心环节，把思想政治工作贯穿教育教学全过程，实现全程、全员、全方位育人。要引导学生正确认识世界和中国发展大势、中国特色和国际比较，时代责任和历史使命、远大抱负和脚踏实地（习近平，2016）。2017 年 2 月，中共中央、国务院印发的《关于加强和改进新形势下高校思想政治工作的意见》明确提出，要将价值引领贯穿教育教学全过程和各环节。两年多来，全国教育系统积极构建一体化育人新模式，不断提升思政教育亲和力，"大水漫灌"变成了"精准滴灌"，即如涓涓细流一般融入各个专业学科教学。大学英语课程作为一门必修基础课，课时多、时间跨度大，由英语教师进行价值引领可以使这门课程在塑造大学生价值观方面起到春风化雨的作用，让思政内容活起来、扎根到课程里，提升大学英语课程的德育功能。

大学英语课程作为语言学科，包含丰富的思想观念、人文精神、道德规范，如何进行价值引领，使其与思政课程同向同行，更好地为人民服务、为中国共产党治国理政服务、为巩固和发展中国特色社会主义服务、为改革开放和社会主义现代化建设服务，将是大学英语教学改革的大方向。2018 年 9 月，全国教育大会上，习近平总书记深刻指出，教育就是要培养中国特色社会主义事业的建设者和接班人，而不是旁观者和反对派；2019 年 1 月，《光明日报》指出：做好高校思想政治工作，要因事而化、因时而进、因势而新。在这样的要求下，把价值引领融入大学英语教学，必将促进新时代背景下外语教学课程改革。

（二）守住意识形态阵地，在探索中积累经验

大学英语课程不同于其他专业课程，其是中西方文化意识形态和思想价值体系之争的前沿阵地。当前国际形势复杂变换，外国势力从未放松对我国的文化侵蚀与渗透，只是变得更为隐蔽复杂。大学英语从表层看是语言教学，但其语言体系中，蕴含、镶嵌着西方文化价值观，具有很强的隐蔽性，对大学生价值观潜移默化的影响不容忽视。价值引领，课程育人，有助于我们守住这块前沿阵地。大学英语是我国高校受众最广的学科，是高校实

现立德树人根本任务的"实践基地"。通过价值引领强化语言教学的育人功能，加强学生对西方文化中心论、西方文化价值观，尤其是西方媒体宣传的双重标准和霸权主义行径的认识，是坚定文化自信，增强文化自觉和坚守社会主义意识形态的重要途径，有助于大学生在正确认识中国特色和国际比较过程中，树立社会主义核心价值观。

业界同人就如何把价值引领有机融入大学英语课程做了各种尝试与研究，但就英语学科来说有针对性的研究尚缺少，仍处在探索与积累经验的初始阶段。具体如何实施、采取哪些途径、如何建设教学团队和载体平台等都有待研究。但"守好一段渠，种好责任田"，把价值引领融入大学英语课程教学是大学英语教师义不容辞的政治责任，要勇担当、乐尝试，在探索中积累经验。

三、研究现状

（一）上海试点先行，全国普遍推广

2016 年，上海市各高校围绕思想政治教育改革率先提出"课程思政"这一概念，通过构建集思想政治理论课、通识课、哲学社会科学课、自然科学课等课程于一体的立体化课程体系，充分挖掘各个学科、各类课程的思想政治教育资源，发挥不同课程的育人功能，为全国"课程思政"改革提供了一套有价值、可推广的"上海经验"。目前，上海市"课程思政"整体试点校 12 所、重点培育校 12 所、一般培育校 34 所，基本实现了全市高校全覆盖。各高校已建设"中国系列"课程近 30 门，综合素养课程 175 门，近 400 门专业课程申报开展试点改革。

继上海之后，"课程思政"改革逐渐在全国高校范围内展开并得到广泛认同。几年来，高校教师探索把价值引领寓于课程，让课程承载价值引领的有效路径，形式从交流会、推进会、研讨会，到示范课、专题讲座、教学技能大赛、调研等丰富多样。例如，北京联大挖掘各门课程蕴含的思政教育元素，建立了 27 个示范课堂。中南大学组织深化"课程思政"的路径与方法专题培训。天津大学曹树谦教授以"实践小记"形式与全校师生分享课程思政心得。厦门大学启动 2018"课程思政"建设计划，建设通识教育课程与专业教育课程。河海大学举办课程思政论坛。西南交通大学校长徐飞从雄安新区的千年大计说起，将"创新、协调、绿色、开放、共享"五大发展理念讲到了学生心里。2017、2018 两年的入学季，全国多所大学党委书记担当起协同效应第一责任人，为新生讲授入学第一堂思政课，勉励他们走好为人为学之路。中央美术学院依据艺术专业学生特点，从作业到作品，通过绘画、雕塑、动画、海报、幻灯片、影像等多种形式表达着思政课主题内容，使艺术院校的课程思政真正"活"起来。华东师范大学指出，课程思政要实现溶盐入汤、育人润物细无声的效果，他们创新课堂教学评价制度，使学生对课程思政有感知、有认同、有受益。山东理工大学出台了"课程思政"实施办法。在内蒙古通辽市，举办了"课程思政"教学技能大赛。总之，课程思政改革正在全国高校普遍推广中。

两年多以来，辽宁省业界学者对省内教育资源不断整合、挖掘，积极实践从"思政课程"到"课程思政"的改革与探索。东北大学以"聚焦需求，精准引航"为主题构建文化育人新平台；大连海事大学以"时代楷模"曲建武网络工作站为平台实践网络育人新模式；东北财经大学开展思政教育、实习实践、课堂教学"三线合一"的实践育人新举措，三所高校均第一批入选我国高校思想政治工作精品项目名单。省内各高校探索不断，大连大学举办"课程思政"建设推进会；辽宁石油化工大学召开2018年"课程思政"试点课程建设工作会议；大连理工大学召开"课程思政"建设座谈会等等。

（二）成果初步取得，研究尚待丰富

目前，相关工作已经取得了一定的成果。对于课程思政，邱伟光认为，它是价值理性和工具理性的统一，是高校教师在传授课程知识的基础上引导学生将所学的知识转化为内在德行，转化为自己精神系统的有机构成，转化为自己的一种素质或能力，成为个体认识世界与改造世界的基本能力和方法。燕连福认为，要搭建高校各类课程教师互动与对话交流的机制和平台，健全各类课程协同育人的制度保障和评价体系。焦苇认为，要突出综合素养课程和专业课程教学的育人导向，促使知识传授与价值观教育同频共振。黄怡凡认为，一直以来，大学英语课的工具性色彩十分浓重，学教双方都有很强的功利性。许多教育工作者只把重点放在专业知识成果输出上，忽视大学生思想变化及心理诉求，没有充分发挥出专业教师在"学科德育"方面的作用，甚至对此缺乏认知。在辽宁省，大连理工大学刘宏伟教师主持的"'四个统一'视域下研究生导师立德树人案例汇编"项目入选第二批"高校思想政治工作研究文库"。

虽然课程思政研究在全国高校已经展开，但经调查得知，专门针对大学英语教学的课程思政、价值引领研究目前十分缺乏。中国知网截止到2019年3月5日统计，相关文章共计23篇，全部发表于2018年以后，相比于8万多篇大学英语教学相关的文章而言，数量太少。其中，珂璇和卢军坪提出了新的大学英语教师职业发展观，傅荣琳提出了大学英语课程思政的实践路径，邓月萍探讨了大学英语课程思政的教学设计，谢琪岚研究了大学英语课程中的思政元素，刘清生对大学英语教师的思政能力进行了理性审视，黄怡凡提出了把大学英语课程作为"隐形思政课程"的建议，李平和王聿良论述了大学英语课程向思政课程拓展的可行性，安秀梅研究了大学英语课程思政的功能等等。总体而言，外语学科专业教师思想政治教育意识、自觉进行价值引领的意识尚待加强，专门针对大学英语教学的价值引领研究尚待丰富与深入。大学生在价值体系建立过程中知却不真知、不全知、不深知的问题突出。对于传统思政课程，他们往往缺乏兴趣，参与度、专注度都很低。对于传统大学英语教学，课程思政内容少，教师对学生的价值引领不够，相关实践少，研究少，师生双方都有待提升改进。

四、路径

（一）强化教师意识，确立引领目标

对于"课程思政"的育人功能，"价值引领"在课程思政中的关键作用，教师作为传道者首先要充分理解，强化理念，"明道""信道"，才能"传道"。从学校到学院，加强对一线语言教师的课程思政意识教育，使其不但能传授语言技能，也能同时自觉承担起社会主义先进思想、文化传播者的责任、坚决执行国家大政方针、弘扬社会主义核心价值观，做好大学生英语课堂上的灵魂塑造工作，成为合格的引路人。培养教师"价值引领"的能力，把价值引领能力纳入语言教师素养评价指标，把价值引领内容融入教学内容，把课程育人的目标任务、话题语料、典型案例、考核方式等写入教学大纲，让价值引领看得见、摸得着、有形化、常态化，以此强化教师理念，让价值引领有意、有效、有质地进行。

有目标才会有动力、有方向，价值引领同样需要目标的指引。大学英语课程在大学期间开设的时长平均为两学年，即四学期，可以针对不同学期、不同年龄的学生特点和认知水平，同时结合不同民族、不同专业学生的文化背景，为价值引领确定不同的重点和目标。比如第一学期强化价值认知、第二学期强化价值思辨、第三学期强化价值认同、第四学期强化价值践行。教师在进行价值引领时做到有的放矢，重点突出，全程贯穿，通过每学期的不同目标实现引领的系统性、连贯性。以第三学期的价值认同为例，针对大学生中出现的"价值认同危机"，教师自身首先要明确"培养什么样的人、如何培养人以及为谁培养人"这一根本问题，明确大学英语课肩负的培养合格的社会主义建设者和可靠接班人的使命，引领大学生认同社会主义核心价值观，为践行社会主义核心价值观奠定基础。

（二）研究教学策略，丰富引领方法

做到价值引领与大学英语课程的无缝对接，实现二者有机结合，策略至关重要。运用辩证唯物主义与历史唯物主义的研究方法引导学生进行价值认知与思辨，同时把语言学、外语教学中的情感策略、元认知策略、自主学习策略、显性教学策略、隐性教学策略等应用于大学英语课程中的价值引领策略研究中。具体包括：从人本主义视角考量价值引领的情感策略，避免说教、降低焦虑，提升学生在接受价值引领过程中的愉悦感和接受度；从语言学元认知策略视角考量学生在价值引领中的自我认知、自我监控、自我调节；从英语自主学习策略视角考量价值引领对学生学习风格、学习动机、学习效果的影响；从显性语言教学策略与隐性语言教学策略相结合的视角探索在价值传播中丰富知识底蕴，在知识传播中进行价值引领的最佳办法。通过开展策略研究提升价值引领在大学英语课程中的接受度，查找传统思政课上学生不感兴趣的原因，通过多种策略使用避免生硬的讲解，提升效果。以元认知策略为例。作为典型的学习策略，元认知强调的是个体对自己的认知过程的调节能力，从而实施有效的监控与管理。在大学英语教材教辅中，经常会涉及"美国梦"这个主题，教师不妨同时组织对"中国梦"的讨论，让同学们找出二者的异同，提升对自

身和对民族、国家的梦想的认知，监控自己对二者的比较意识。"美国梦"更多强调个人的奋斗与价值，"中国梦"更多强调民族的伟大复兴、强国之路。增加自我监控意识更能提升中西方价值观比较的自觉性。比如教师可以选择国内外媒体对于重大新闻的英文报道，引导学生正确地看待西方媒体的立场与观点。再以隐性教学策略为例。隐性教学策略强调将价值引领在学生不知不觉中进行。现举一例：2019 年 2 月底，关于美国总统特朗普与朝鲜主席金正恩会面与谈判的报道占据各大媒体头条，此新闻正赶上大学生春节过后的开学季，教师正好可以在听说课前布置这样的话题："双方国家各有立场，同学们站在哪一边？"客观判断需要教师的引领，不同的立场背后呈现的是不同的价值观，用英语开展这样的讨论，不仅是对英语表达的锻炼，也让对价值观的辩证思考潜移默化地进行。

（三）建设载体平台，梳理引领话题

价值引领离不开载体平台建设。一是利用各类大学英语教材、教辅在价值引领中的载体作用，包括纸质书、音频与视频材料、网络链接、微课、慕课等。二是利用通信 APP 在价值引领中的载体作用，包括教师间、同学间、师生间微信群与 QQ 群。三是利用纸媒在价值引领中的载体作用，包括大学学报、学院院报、宣传海报、画册等。四是发掘各级组织、团体在价值引领中的载体作用，包括学校、学院党委、各级党支部、党小组、教学团队、学生会、学生社团等。五是利用各类活动在价值引领中的载体作用，包括竞赛、演讲、报告、访谈、会议、公开课、示范课、实践课等。以活动为例，年轻的大学生热衷于各类校园活动，并在参与、锻炼中提升自身素质。比如组织学生开展与价值引领相关的英语演讲，介绍校园中发生的积极事例等。六是利用网络、广播、电视等媒体在价值引领中的载体作用。比如学校、学院网站、校园广播站，校园电视台等，发挥外语学科优势，实现英汉双语对典型事例的宣传、宣讲，将受众对象扩大到包括外国留学生在内的所有在校学生。

价值引领需要梳理好话题。大学英语教材中包含着诸多西方文化元素，价值观影响潜移默化，且表面看来话题分散、不系统，不易引起师生的察觉与重视。针对这一问题，大学英语教师首先要搜集、整理、研究教材中与价值引领相关的话题，开展对价值引领话题的梳理、创建工作。一是针对大学英语教学大纲中涉及的文化、经济、教育等多个话题，广泛征求任课教师意见与建议；二是通过分工协作与讨论学习，从英语时事新闻、重要历史事件沿革与发展，中西方文化历史发展与对比等方面，筛选价值引领与塑造话题；三是从道德与规范、精神与物质、法治与法规等多个角度，选取与每个话题紧密相关的中英文资料；四是通过观点阐述、数据佐证、案例分析等多种手段，形成系统的大学英语课程教学中的价值塑造话题，最终向语料研究的方向发展。现以我国高校本科普遍使用的大学英语教材《新视野大学英语读写教程》为蓝本略举两例。第一例：第三册第七单元讨论了经济危机下人们失业难以维持生计的话题，文中一位有三个成人子女的母亲却流落街头、老无所依。对此可以把中西方在亲子关系、责任义务方面的差异进行比较，让同学们通过切身体会做出判断，深入理解中国传统文化中孝敬父母，赡养老人，使父母老有所依的美德

与价值观。第二例：第四册第五单元讨论到一位在美国移民家庭中长大的中国孩子，因为不了解中国的价值观，当别人评价他"discreet"（内敛）、"modest"（谦虚）时他非常沮丧与恼火。那是由于他对这两个词在中国文化中所代表的含义的误解造成的。价值体系不同造成了误解，但这样的误解如果任课教师不能及时引导学生发现、思辨，必将把学生带入文化认知偏见的误区。

（四）开展成效研究，评估引领效果

成效研究可以从教师和学生两个层面进行。出台对价值塑造成效的评估办法，通过教师听课、集体讨论、师生典型案例分析及访谈等，研究教师把思想政治教育融入教学能力的评估办法，研究评估学生社会主义核心价值观塑造成效的办法，形成价值引领的具体操作指南并使其标准化和系统化，让价值引领不仅仅进教材、进大纲、进课堂，更要考察其是否进思想、进行动，考察价值引领是否做到"形神兼具"，而绝不是"有形无神"。要做到这一点，教师自身首先要深刻理解和准确把握社会主义核心价值观的精神实质与丰富内涵，如此才能将价值引领体现在行动上，融入灵魂里。大学生处在接受新事物、新思想最活跃的阶段，总是期待自身观点与问题得到回应。开展针对学生的价值引领成效评估，可以让教师在引领上更精准，做到胸中有数。实践层面，研究如何多样化、动态化、系统化地把价值引领融于大学英语课程。其中多样化包括话题多样化、载体多样化、策略多样化、评估手段多样化等，动态化是指研究总结、创新解决问题的途径并非僵化、一成不变。比如在因材施教方面，分析对待少数民族和汉族学生采取的不同引领方法；系统化包括理论系统化、实践系统化、话题系统化、评估系统化等。

价值引领要有机融入大学英语课程，可以借鉴其他学科课程思政的经验和成果，但不能完全照搬照抄，需结合外语学科独有的特点，从整体上考察融入路径，结合辽宁省高校大学英语课程在价值引领方面的开展情况，多维度地把价值引领融入大学英语课程，除上述提到的六点办法，还包括培养教师的育人能力，发挥学生，主体作用、党员先锋作用和团队示范作用，针对学生因材施教，改进教学课程大纲，完善教师评价体系等，实现大学英语课进行价值引领的特色创新。通过运用马克思主义学科和外语学科教学研究的理论和方法，把对大学生的价值引领置于大学英语课程实践中，开展两学科间的跨学科研究，实现研究视角创新。每所高校都有自身的育人传统和文化精神，价值引领需结合各高校自身特色，创建由马克思主义学院理论指导，外国语学院组织实施，大学英语教学一线教师实践，全体在校本科生参与的工作体系。同时，把学院党支部、学生党支部、科研团队、教学团队、学生会等组织部门纳入工作体系，实现工作体系创新。响应习近平总书记的号召，把价值引领"落细、落小、落实"，让大学英语课成为培养崇学向善、明辨乐思、知行合一的社会主义接班人的平台是我们的最终目标。

第四节 大学英语教学的特点及策略研究

大学英语教学的有效性需要科任教师根据教学的特点和目的，采取让学生尝试讲课、组织演讲辩论、背诵单词、组织游戏、穿插文化背景知识等方式，着力打造轻松高效的大学英语教学课堂。

大学教师这一职业一向受社会的高度尊敬，殊不知光鲜的背后却有着不为人知的辛苦。越来越多的教师不是患上咽炎就是一下完课便疲惫不堪，还得脸色苍白地急忙奔去下一个课堂，以致除了教学之外对科研、学术会议等其他方面力不从心。对于这一现象，笔者深有体会，感同身受。针对大学英语课堂，是否有方法改善这一局面呢？答案是肯定的。本节将提出一种全新的教学模式，既提升教学效果，使课堂轻松活泼，又提高教学效率，使老师游刃有余，教学科研两不误。

其实，部分大学英语教师上完课后疲惫不堪的直接原因就是教学过程中教师占主导地位，他们在马不停蹄地讲解。上课时间一百分钟，仅仅站着就会令人叫苦不迭，更何况还要同时提高嗓门授课呢？虽然对教师的疲倦表示同情，但是这同时表明这样的教学方法必须改进。课堂上由教师从头讲到尾，其实这还完全停留在中学的教学模式中。尽管每所大学的学生英语基础都参差不齐，甚至部分大学生的英语水平还不及中学生，但是这并不能成为以中学英语课堂的教学方法教大学生的理由。实际上，中学英语教学与大学英语教学有着本质的区别。

一、大学英语教学的特点

（一）教学目的的全面综合性

中学英语教学为打基础的阶段。由于面临中考和高考，这一阶段主要强调的是"双基培养"，即使学生获得基本的语音、语法和词汇，以及培养学生基本的听、说、读、写技能。而大学英语则是在此基础上全方位地提高，重点培养英语的交际功能，即学生的听说能力。除此之外，大学英语教学还增强学生的自主学习能力，要求学生综合运用英语这门语言，运用英语提高自身的综合素质，使用这门工具与他人进行思想沟通，交流信息，实现英语学习的终极目标。

（二）教学方法的多样性

教学目的的不同必然导致教学方法的千差万别。在中考和高考两座大山的压迫下，中学英语教学均以应试为最终目的。而且，衡量好课堂的唯一标准似乎就是升学率。教师就是课堂的中心，课堂上给学生灌入大量的语法以及词汇知识，在标准的填鸭式教学下，学生只能被动地接受。大学英语教学截然不同，强调学生运用语言的能力，提高听说能力的前提下，读、写、译也一样都不落下。教师与学生的角色互换，教师不再是课堂的中心，学生才是。除了向学生传授语言知识和技巧外，教师更重要的作用是引导，培养学生利用语言作为交际工具的能力。

（三）教学过程的互动性

中学教学过程以教师讲解、辅导为主，学生听课，很少自学；大学英语教学中教师主要起到引路人的作用，激发学生的学习兴趣，调动学生在课堂上的参与，以多种多样的课堂活动促使学生多自学，并提高其自学能力。中学课堂以语法讲解、词汇扩充为主，以达到应试的目的。大学课堂中语法、词汇早已不是重点，强调的是语篇教学，即在文章的内容中分析词句、分析人物性格、事件的来龙去脉、总结文章的主题思想。语篇教学旨在提高学生运用语言作为交际工具的能力，注重听说训练，常会采用情景、功能、交际、翻译等教学方法。

二、大学英语行之有效的教学方法

兴趣是最好的老师。大学英语教师的首要职责是激发学生学习英语的兴趣，让其自主自愿地学习。因此，形式枯燥的"满堂灌"教学方法必须彻底改革。近年来，老师都在不断更新并改革自己的教学方法，可是究竟什么方法才是行之有效的？每位老师结合自身情况和学生水平都有着自己独特的见解。本节笔者将结合自身一线教学的经历，谈一谈大学英语课程如何设计才能够使老师轻松，令学生满意，同时保证教学效果和学习效率。

（一）以让学生讲课的形式，使学生充分融入课堂

以往都是老师在讲台上苦口婆心地讲解，怎么不让学生尝试一下自己教课呢？这一方法完全改变了以教师为中心的"中学式"教法，凸显了学生在课堂中的主导地位。在每个学期刚开始时，教师可让学生自由组合形成人数差不多的几个组（数量可根据具体教材的长短而定）。以上海外语教育出版社的《新目标综合教程》为例，本书共有 8 个单元，每个单元挑选 TEXT A 进行讲解，那么就将学生分为 8 个组，每个组负责讲一个单元。在需要开始讲之前几天老师应提醒学生准备，以免忘记。到开始讲某一单元时，该组的代表先上讲台来把他们组备课所准备的呈现给所有同学。待学生讲课完毕后，老师再上讲台或是点评或是选择性地讲解。这种让学生来讲课的方法大大增加了学生对于课堂的参与度，让其充分地融合到课堂中，活跃了原本只有老师讲课的沉闷课堂气氛，同时学生在准备及授课的过程中，自身也得到了全方位的综合锻炼。学生自行授课将知识与能力、素质与策略、专业与广博的培养结合起来，建立老师引导、学生践行的教学观念，加强师生互动、学生互动的教学模式，实践证明，是一种有效的方法。

（二）组织演讲或辩论

不定期地在课堂上以组为单位举行主题英语演讲或辩论，也是提高学生参与度的好办

法。学生可围绕一个主题，在网上查资料，在上课时演讲或者辩论。与以往等待老师灌输知识不同，学生以这种方式提升了自学能力，加强了学习的主动性。另外，学生有满足自己与人交流与协作甚至影响他人等需要，集体合作是满足学生基本需求的必要途径。演讲或辩论主题应在上课前一星期给出，以便一个组的同学有充分的时间准备。不建议在课上临时布置题目，基于两个原因：一是大部分同学的英语基础薄弱，在短短的课堂时间中无法准备出高质量的演讲；二是大学英语课程课时十分有限，课堂时间宝贵。如果是演讲，那么就由一个组的同学共同找资料写文章，最后选出代表在上课时演讲。教师根据每个组的表现打分，并计入平时成绩。如果是辩论，同样在组内自行决定立场，然后在课堂上进行组与组之间比赛。辩论结束后由其他组的成员投票决定谁胜谁负。教师应对于胜方给予表扬，负方给予鼓励，并强调重在参与，胜败乃兵家常事的道理。集体合作学习尊重学生个人，在培养学生交往能力、协作能力和解决问题能力的同时，还刺激了其内在学习动机。这一方法奠定了学生在教学过程中的主体地位，有助于新世界新背景创新型人才的培养。

（三）背单词游戏

不仅是英语老师，只要是学过英语的人都清楚，扩大单词量对于提升语言水平的重要性。英语学习像盖房子，语法知识是大梁，英语单词则是一砖一瓦。想要盖牢固的房子，两者缺一不可。学生偏爱通过活动的方式进行学习，但现实教学中的活动太少，授课方式单调，并不能较好地调动学生的英语学习积极性。为了提高学生对单词的熟练性，也为了督促其花工夫背单词，可以在课堂上进行背单词游戏。在这个环节通常以组为单位进行，教师说中文意思，学生站起来说它的英文释义。最快站起来说出意思并答对的就给他所在的组加一分。一轮结束后，可视情况安排是否还需继续。游戏结束后，视每组最后的分数决定谁赢谁输。这个游戏在整堂课上起到了关键作用，既调节了课堂气氛，又刺激了学生的学习兴趣。教师还不需枯燥无味地照本宣科，苦口婆心地讲解。作为游戏的组织者，教师增强了自身的组织能力，在轻松愉快的氛围下完成了教学任务。何乐而不为？

（四）穿插文化背景知识

有趣的活动是学习动力的基本来源。教师在选择活动时，要尽量以新颖的为主，并频繁变换活动方式，以保证学生长久的兴趣。然而，在选择教学活动时，必须考量活动内容是否能承载教学内容，能否为教学目标服务，绝非"因活动而活动"。

在文章中出现代表西方传统习俗的词汇时，教师可适当展开讲解，介绍该习俗的起源，分享相关的故事。这样一来，生动的故事就吸引了学生的注意力，同时还扩展了其知识面，的确是种值得借鉴的办法。例如，在新目标大学英语教程第一册 UNIT 2 的课文中，出现了 Thanksgiving Day（感恩节）这个词，教师就可讲述 17 世纪清教徒不满英国教会统治远渡重洋移居美洲，并受到当地印第安人帮助获得大丰收，从而决定将十一月的最后一个星期四定为感恩节，旨在感恩他人帮助的故事。作为英语语言的学习者，了解其国家的文化背景十分重要。类似故事的讲述既吸引了学生的注意力，又为其将来的跨文化交际打下基础，不失为一种有效的教学方式。

大学英语课堂应是轻松、活泼、能够充分调动学生积极性的课堂，教师也应在健康、乐观、有活力的状态下完成教学任务。通过中学英语教学与大学的对比，大学教师将更清楚自身教学任务的侧重点，更好地向着大学英语教学目的努力。学生讲课、演讲辩论、背单词游戏、穿插文化背景知识等仅仅是众多教学方法中的冰山一角，提高课堂质量，激发学生兴趣，要达到这一教学效果还有很多方法值得探索，真正打造轻松高效的大学英语课堂，任重道远。

第五节　合作原则对大学英语教学的启示

格莱斯提出的合作原则是语用学研究中的重要理论。格莱斯将合作原则具体细化为四条准则，即数量准则、质量准则、关系准则和方式准则。格莱斯认为，人们在交流时，总是下意识地遵循合作原则。而一旦违反合作原则，就会产生会话含义。大学英语教学中，如果引入合作原则，并向学生介绍会话含义的产生机制，有助于提升大学生的英语学习效果，提高大学英语教学质量。

一、合作原则

英国哲学家格莱斯（Paul Grice）于 20 世纪 60 年代在哈佛大学做了三次演讲。在演讲中，他提出了著名的"合作原则"和"会话含义"理论。格莱斯认为，日常的会话交际之所以能够正常进行，会话双方一定是遵循着某种规则。或者说，为了使会话交际正常进行，会话双方一定是朝着某个共同目标而努力的。经过长时间的思考，格莱斯决定把这种大家都默契遵守的原则称为合作原则（Cooperative Principle，简称 CP）。著名哲学家康德在其"范畴表"中曾经列出"数量""质量""关系""模态"四个范畴。这一做法给格莱斯以很大的启示。在此基础上，他又把合作原则细分为四个准则，即数量准则、质量准则、关系准则和方式准则。

（1）数量准则（The Maxim of Quantity）：指会话人所说的话能够满足交际所需要的信息量。

1）所说的话应该满足当前交流所需要的信息量；

2）所说的话不应该包括多于交流所需要的信息量。

（2）质量准则（The Maxim of Quality）：指会话人所提供的信息必须是真实的。

1）不能说自认为是虚假的话语；

2）不能说缺乏证据支持的话语。

（3）关系准则（The Maxim of Relation）：所说的话和谈论的主题是相关的。

（4）方式准则（The Maxim of Manner）：会话人必须清楚地说出自己的话语。

1）不能含糊不清；

2）不能产生歧义；

3）必须简短，不能冗长；

4）保持有序。

二、会话含义的产生

格莱斯认为，在正常的言语交流中，对话双方总是有意或者无意地遵守合作原则，使交际能够正常进行下去。在某些情况下，为了某种交际需求，会话人会公开违背合作原则中的一个或几个准则，从而间接地表达出自己的真实意图。格莱斯将这种由听话人推导出来的间接意义称为"会话含义"（conversational implicature）。

（一）由于违反数量准则而产生的会话含义

在某种交际场合中，会话人为了含蓄地表达某种特殊意思，会有意少提供交际所必需的信息。例如，A 向 B 询问 C 大学期间的学习成绩时，B 知道 C 的学习成绩不太理想，但是又不好当面拒绝回答 A 的问题，只好说了以下的言语："He has made a lot of incredible friends here, impressed every teacher with his beautiful voice and volunteered to help the poor children in some remote places." 很显然，B 故意违反了合作原则中的数量准则，没有提供交际所包含的全部信息。B 对 C 的学习成绩只字未提，反而一直强调他人际关系很好，交了很多朋友，声音优美，还自愿帮助偏远地区的贫困儿童。A 知道，B 故意违背数量准则，一定有其特殊动机，即 C 的学习成绩很不理想，但又不能直接表述出来。

（二）由于违反质量准则而产生的会话含义

在某些交际情况下，会话人会通过故意违反质量准则，间接地表达出自己的真实意图。例如，A 向 B 询问 Sally 是个什么样的人时，B 的回答是："She has a heart of gold." 根据语义学中真值条件理论，这句话的真值条件肯定为假。因为有常识的人都知道，人的心脏不可能是金子做成的。从语用学角度来看，这句话是有意义的。说话人通过故意违反质量准则，向听话人传递了一种隐含的信息，即 Sally 一是个心地善良、非常友好的人。

（三）由于违反关系准则而产生的会话含义

根据合作原则，人们在语言交际时，必须提供与话题相关的信息，否则会出现所答非所问的情况。在某些交际情况下，会话人会故意违反关系准则，从而传递某种特殊含义。例如，A 和 B 聊天时，A 突然问 B 的婚姻状况如何。这时候，B 是这样回答的："I enjoy NBA games a lot and watch them every day." B 的回答显然是和 A 的提问无关的。通过 B 的回答，A 可以推断出言外之意。B 认为一个人的婚姻状况是个人隐私，不愿意回答该问题。为了表达出该意图，他故意提供了一个与该话题没有任何关系的回答。

（四）由于违反方式准则而产生的会话含义

根据合作原则中的方式准则，会话人在交际时，应该尽量表达清楚，避免使用模糊和晦涩的言语，从而避免歧义。现实交际中，会话人会通过故意违反方式准则的方式，实现自己某种特定的交际意图。例如，A和B两个人都是中国人，在用汉语聊天。当A问B小马的人际关系如何时，B回答道："Let's talk about that in English." B没有用母语直接回答A的问题，反而用了英语这种非母语语言，这显然违背了方式准则。他这样做的目的，无非就是不让旁边的人听到他们之间的谈论，以免造成麻烦。

三、合作原则在大学英语教学中的应用

合作原则可以应用在大学英语教学实践之中。通过引入会话含义这一概念，可以使学生深刻地理解会话人的深层含义，从而使学生的语言能力和语用能力得到提升。下面就从几个方面来陈述：

（一）合作原则在听力教学中的应用

听力试题在各种英语考试中所占的比重很大。例如，在大学英语四级考试中，听力的比重就占到了35%。在日常的课堂教学中，授课教师应有意识地引导学生运用合作原则来理解会话人的真正意图。教师可以简单地介绍一下合作原则，并从四个准则的角度为学生提供一些相关的例句。例如：

A：I had a quarrel with my roommate.Every night she stays up very late.I can't fall asleep when she is around making noises in the room.

B：I'm so sorry to hear that.Like you，I'm an early bird，too.It's hard to share a room with a night owl.

Q：What does the second speaker mean?

在这段听力材料中，B并没有直接表明他对A室友的态度。通过说自己与A有着相同的生活习惯，间接地对A室友的做法进行了批评。由于A和室友有着不同的作息习惯，因此，和这样的室友很难相处。

除了短对话，合作原则在长对话和篇章材料中同样可以有效应用。

（二）合作原则在口语教学中的应用

在介绍完合作原则之后，教师可以引导学生逐步提升自己的语用意识，在不同的场合，对不同的会话人采用不同的说话方式来达到顺利交流的目的。此外，针对不同的语境，教师可以和学生一起探讨，在各种语境下可以采用何种语用策略来进行会话。例如在下面的语境下：

One of your classmates always comments on other people negatively，which embarrasses you a lot.One day，during a classroom discussion，he begins to comment on another classmate negatively.What could you do to solve this problem?

授课教师可以将学生分为不同的讨论小组，让学生讨论：运用什么样的谈话策略来说服你的同学，使他不再对别人有负面评价。既要做到委婉地提醒你的同学，同时也不能影响你们之间的人际关系。

等学生小组讨论结束之后，可以每个组找 1 ~ 2 位同学进行发言，和其他组进行信息共享。通过这样的讨论和分析，可以提高学生的语用能力，将合作原则应用到教学实践之中。

（三）合作原则在写作语教学中的应用

在很多英语测试中，写作题目都有一定的字数限制。这就要求学生必须充分遵守合作原则四准则，在数量、质量、关系及方式几个方面下足功夫。既要保证写作内容全面，论点充足，又要避免赘述，造成表达力不足。

此外，合作原则在阅读和翻译方面也可以得到有效应用。由于篇幅关系，本节就不再一一展开论述。

格莱斯的合作原则是语用学的一个重要理论。人们在交际时，总是潜意识地遵守合作原则及其相关准则。通过故意违背其中的一个或几个准则，可以产生新的会话含义。大学英语教学过程中，授课教师可以给学生简单地讲授合作原则及其四准则，使学生意识到会话含义的产生机制，并在语言学习过程中有意识地应用该理论。

第三章 教学模式

第一节 自主合作探究大学英语教学模式

为了提高学生学习的主动性与自觉性,以教为中心到以学为中心的教学理念悄然出现。自 20 世纪 90 年代以来,"以学生为中心"的教育理念在我国部分高校开始流行,大学外语教学受到影响。《大学英语教学课程要求》(2017 年版)指出大学英语教学可采用任务式、合作式、探究式等教学方法,使教学活动实现由"教"向"学"的转变,形成以教师引导和启发、学生积极主动参与为主要特征的教学常态。大学英语教学改革的目标之一是培养大学生自主学习英语的能力、与同伴有效合作学习英语的能力及根据任务探究问题的学习能力,由此自主合作探究型教学模式应运而生。早在 20 世纪七八十年代,西方国家就把"自主、合作、探究式"作为有效教学的一部分被专家和学者分而论之。在国内,自 2001 年《基础教育课程改革纲要(试行)》实施,陆续有学者关注"自主、合作、探究"模式。庞维国认为,将自主、合作、探究式三种学习方式搭配互补,可以充分发挥优势,促进学生的全面发展。

一、自主合作探究教学模式在大学英语教学中的实证研究

笔者就自主合作探究模式在大学英语教学中的应用进行了为期一学期的实践教学,并通过问卷调查与访谈形式调查自主合作探究教学模式对大学英语教学的影响。实验班和对照班是专业一样、英语水平相当的两个教学班,两个班每周均两次英语课,共 12 周,共计 48 学时。在教学过程中对实验班采用自主合作探究教学模式;对照班采取传统英语教学模式,即主要由老师讲授,学生听讲并作笔记。

笔者采用相同的调查问卷对被试进行前测与后测,前测调查被试(对照班和实验班)运用自主、合作、探究式模式的现状,后测检测实验教学后被试(实验班)对自主、合作、探究式教学模式运用是否发生变化。收集实验班与对照班实践教学前后的英语成绩,前测的测试成绩是被试在参与实验教学前一个学期的英语期末考试成绩,后测的测试成绩是经过一个学期实验教学后的英语期末考试成绩。在实施自主、合作、探究式教学模式后,对实验班的部分学生进行采访,主要了解他们对自主、合作、探究式教学模式的感受,以及

能否接受这种教学模式。共采访 9 位学生，其中 3 名英语水平优秀者、3 名英语水平中等生和 3 名英语水平较低的学生。

问卷调查数据研究结果表明，在自主合作探究教学模式下实验班学生自主、合作、探究英语学习能力均得到一定程度的提高，对照班变化不大。实验班大部分能根据老师布置的任务和资料自主学习，并充分地运用老师提供的材料。更多学生喜欢参与合作学习，因为主动有效地参与合作学习，上课气氛活跃不少，学到的内容和知识更丰富，学生认为比传统课堂收获更大。实验班学生大都愿意用探究方式探索出问题答案，在任课教师的指导下，学生能够多渠道多样化地探索出答案，进一步增强学生英语学习的动机和主动思考探索问题的能力。通过对对照班和实验班实验后英语成绩进行独立样本 T 检验，结果表明，经过一学期的实验教学，实验班学生自主合作探究学习能力均得到提高且学习英语主动性有所提高。在这种新教学模式下，学生会更注重学习方法和学习效率，且对英语学习有更浓厚的兴趣和更强的学习动机，提高英语学习的积极性和英语成绩。

当然也存在一些问题，如在对学生访谈中发现：英语成绩相对差的学生反映很难有效地进行自主学习，有时老师提供的资料过多以至于不知道如何选择，耗时太长。课堂合作活动中，有些学生只是被动地接受任务，甚至有些学生在其他同学合作探究时利用一切机会闲聊，并没有完成合作任务。在探究学习中部分学生提到不想自己动脑，不会独立思考，认为探究不出有价值的知识，只会照抄照搬课本，探究对他们来说意义不大。

二、影响自主合作探究大学英语教学模式实施的因素

研究表明，自主合作探究模式能够有效地促进英语教学，但在自主合作探究型课堂教学模式实施过程中存在一些问题。笔者从环境、教师与学生三方面探析影响自主合作探究教学模式有效实施的因素。

（一）环境因素

影响外语学习的环境因素包括物理环境、社会环境与课堂环境等。物理环境是指与教学相关的物质条件，随着信息技术的高速发展及在教育领域的推进，多媒体教学、数字化教学、"互联网＋教学"等为外语教学带来极大的便利，大数据为外语教学提供了丰富多彩的音频、视频等资源，为外语教学创设了语言情境。但是，要从众多网络资源中挑选最合适最优的资源给学生自主学习是一大挑战，同时网络资源丰富但高质量的资源并不多见，有些资源内容与主题不同却采用了相同的教学设计，缺乏灵活性，难以因材施教。社会环境是指与他人之间的关系，外语学习的社会环境包括整个社会环境对外语学习的重视与支持、父母的支持、同伴的支持及教师的支持。虽然英语学习在我国受重视程度不断提高，英语广播、英语网络资源、英语电视节目不断增加，但是一走出英语课堂，学生日常交流基本用中文，很少用英语交流，缺乏英语学习与交流的生态情境。英语课堂能为学生营造良好的英语学习环境，但部分学生只是为了应付四六级、课程期末考试等，在课堂上只是

被动地听听课、做做题，很难真正地参与到自主合作探究的教学模式中。

（二）教师因素

在自主合作探究大学英语教学模式实施中，教师作为组织者和实施者影响教学模式的有效实施。课前给学生相关资料与问题引导学生自主学习，课堂上通过合作学习模式，培养学生的英语探究学习能力。因此，问题是自主合作探究的核心，怎样设计问题及设计什么问题对自主合作探究模式的有效实施至关重要，教师往往未能正确地把握问题的预设导致自主合作探究教学模式大打折扣。在课堂的合作与探究环节，虽然确实开展组织了合作与探究，但有时担心教学任务无法完成，学生合作探究的时间非常有限，有些小组成员还未表达自己的观点就被叫停了，学生的英语口语未能得到很好的训练。教师对学生合作探究学习的点评与评价，有时因为自身知识储备不充足或未能驾驭好课堂，对学生合作与探究的任务完成情况及效果只能避重就轻，未能做出合理科学的评价。

（三）学生因素

作为参与者和主体，学生在自主合作探究大学英语教学模式实施过程中起着举足轻重的作用，但在自主、合作、探究等环节未能按要求完成任务，导致新型教学模式未能达到预期的效果。自主学习是有效合作与探究的前提与基础，但学生尤其是自觉性较差的学生未能完成预习任务，未能达到合作与探究的预期效果。在课堂合作学习过程中，部分学生未能实际参与合作与探究，更有甚者抓住一切机会闲聊，合作学习的本意是促进优等生与后进生之间互帮互助，实现双赢，实际课堂合作探究活动效果却不尽如人意，合作探究的意义与价值难以实现。

诸如语言学习动机、学习信念、自我学习效能感等认知因素会影响学习者外语学习方式的选择与效果。Bandura 指出环境因素会通过影响个体认知系统，从而对个体行为产生影响，因此外语学习的环境会通过学习者的认知系统影响外语学习方式的选择及效果。如学习动机强的学生有明确的外语学习目标，在外语学习中会尽一切努力实现目标，对于新型教学模式也能很好地适应和参与。与此相反，外语学习动机弱的学习者不管运用什么样的教学模式，参与积极性都很难提高，顺利完成老师布置的任务更无从谈起。

三、自主合作探究大学英语教学模式的应对策略

（一）教师角度

首先，为自主合作探究大学英语教学模式有效实施，教师要做好充分的课前准备。古人云："凡事预则立，不预则废。"大量实践教学表明，教师备课充分与否和课堂教学效果有关，唯有充分的课前准备才能达到预定的教学效果。其次，教师要充分发挥在自主合作探究课堂教学模式过程当中的主导作用。自主合作探究型课堂教学模式不是让学生"放羊式"的学习模式，相反这种模式对教师的能力提出了更高的要求。教师要吃透文本，明确

教学目标，掌握学情，对课堂的掌控要驾轻就熟。教师要清楚了解学生思考探索问题时可能遇到的困惑与问题，这就要求教师在课堂教学和课堂管理的过程中准确把握学情。教师还需要不断提高业务水平，掌握足够的知识储备量，只有这样才能实现有效的引导。再次，教师要建立科学合理的外语教学评价机制。自主合作探究大学英语教学模式的评价方式可以结合形成性评价与终结性评价，既不能忽视学生学习的过程和发展，又要关注学生掌握知识和技能的提升程度，不仅仅通过学生的最终成绩评定学生学习情况，还要考虑学生平时参与自主合作探究模式的积极性与效果，使学生的自主学习、合作探究能力得到真正的提高。最后，教师要做好教学反思，提高修养。教学是一项需要理论与实践相结合的任务，一种新型教学模式的实施只有在遇到困难时不断反思与实践，教师才能获知该模式是否适合教改与时代要求，才能实现自我价值。此外，教师还要提高自身修养。"身为示范，为人师表"，教师的一言一行都会影响学生对教师的评价，影响学生对教师所教课程的学习态度与课堂参与积极性。

（二）学生角度

学生首先应重视培养自主学习能力。只有按照老师的要求自主学习材料，学生才有信心与能力积极参与并完成课堂合作与探究任务，合作与探究学习才能落到实处。其次，主动参与课堂合作活动，积极探究问题。大学英语教学改革提出学生是课堂的主体，由此学生应积极并主动地参与课堂合作活动，并完成给定的任务，避免"搭顺风车"现象。当然，在训练口语运用能力的同时，也要善于倾听，倾听组员与老师的表达与想法。只有实实在在地参与合作学习，学生才能体会到合作的乐趣与探究问题的成就感，提高合作、探究、沟通能力。最后，学生应提高外语学习动机、学习信念、自我学习效能感等个体认知因素，合理选择、优化适合的外语学习策略，从被动学习英语逐渐变成主动愿意学习英语。

自主合作探究模式能有效地促进大学英语教学，激发学生学习英语的动机和兴趣，但在具体实施过程中存在一定的问题。在自主合作探究模式下，有些学生表面上积极展开讨论、合作与探究，但在学生的讨论掩护下抓住一切机会闲聊，英语课堂合作探究学习继而为学生违反纪律创造机会。构建有效的自主合作探究教学模式绝非一朝一夕所能达到的，只有社会、教师和学生不断努力和相互配合，寻找出科学合理的应对策略，才能有效地培养学生的自主、合作、探究等外语学习能力。

第二节　成果导向教育视域下的大学英语教学模式

随着经济全球化和信息化时代的到来，世界各国的交往日益密切，而英语作为全社会的通用语，在国际交流间发挥的重要作用，使得越来越多的人开始注重英语的学习。当前我们正处于信息快速更新的时代，为了适应时代要求，我们必须不断创新，英语教育也不例外。成果导向教育是工程教育专业认证的三大基本理念之一，它以"人人都能学会"为前提，以学生为中心、成果为导向而设计教学。运用该教学理念模式指导我国的大学英语教学改革有着积极的意义。

一、大学英语教学模式现状

当前我国大学英语教学模式的一大特点是"教大于学"，教师主导英语课堂，学生被动地学习知识。这种教学模式没有考虑学生的实际需求，忽视了学生的主体地位。我国当前大学英语教学主要有以下特点：（1）以学习语言知识为主。在大学英语教学中，教师在语言表达形式的讲解与练习上投入大量时间，而对学生的口语表达能力却有所忽视。这种教学模式下，虽然学生形成了较为扎实的语言基础，却无法将这些知识应用于实际的口语表达以及书面写作，有的学生甚至无法用英语进行简单的对话交流。（2）忽视学生主体作用。长期以来，大学英语教学主要是：教师认真备课、讲课，课后对学生的英语作业进行批改；学生在课堂上被动地接受英语语言知识，课后完成教师要求的作业。课堂教学由教师主导，而作为学习主体的学生却没有得到应有的重视，这导致了"哑巴英语"这一现象的普遍存在。（3）教师统一教学。在应试教育背景下，教师在课堂上进行单向的、统一的知识灌输。教师引导学生朗读英语词汇，分析文章结构，并对其中的语法知识进行讲解，课后布置作业。这种基于行为主义的教学模式使教师无法动态监测学生学习过程，对学生英语知识的实际掌握情况并不了解，容易忽视学生的个体差异，造成学生英语成绩以及英语水平参差不齐的现象。（4）以成绩作为评价标准。传统的大学英语教学主要以学生的期末考试成绩和平时考核成绩为标准来评价教师教学质量和学生个体。学生英语成绩这单一的评价标准没有充分考虑学生个体的实际差异，也无法准确评估学生的实际运用能力，不利于培养学生学习英语的自信心和热情。成果导向教育强调提前预期学生的学习成果、目标达成方式以及个性化的评价。因此，在一定程度上可以弥补传统大学英语教学的不足。

二、成果导向教育教学

成果导向教育关注四个问题：（1）学生在教学过程结束后应达成什么学习目标？（2）学生为什么要达成这些学习目标？（3）如何有效地帮助学生达成这些学习目标？（4）如何判断学生是否达成了这些学习目标？它"清晰地聚焦在组织教育系统，使之围绕确保学生获得在未来生活中取得实质性成功的经验"，这就从本质上将其与传统的应试教育区别开来。

基于成果导向教育理念的教学，教学课程与教学活动要以学生在毕业时应达成的预期产出能力指标为导向来进行设计，以此确保学生毕业后获得"未来走向成功的经验"。因此，教学设计和教学实施所要达成的目标是学生在学习过程结束后所取得的学习成果。这就要求教师在开展教学活动时要以学生为中心，从学生应取得的成果出发，明确学生要学到的是什么；教师要设计真实有效、学生可达成的评估任务，同时确保所做出的评价能帮助学生发现其不足之处。在成果导向教学模式中，课堂教学不再由教师主导，而是一种师生共同参与、相互交流的教学活动。学生在接受知识的同时，通过与教师的对话交流主动构建知识体系。同样，教师在教授知识时也能通过课堂实践不断学习新的教学技巧，提高教学技能，师生之间既相互依赖，又相互促进。这就要求教学紧紧围绕成果导向，打破传统教学模式中学生一味被动地接受知识的现状，在师生之间形成一个双元平衡体系。

　　成果导向教学模式在传统的"教师主导""知识体系导向"范式教学基础上进行突破，强调"以学生为中心""重视学生的主体地位"，实现教学由"内容为本"向"学生为本"的根本转变。近些年，国内外众多专家、学者尝试用成果导向教育理念指导教学模式和课堂教学改革，但在具体的英语学科教育方面研究较少。

三、成果导向教育理念下大学英语教学模式构想

　　《国家中长期教育改革和发展规划纲要（2010—2020）年》明确指出，高等教育应该培养"具有国际视野、通晓国际规则、能够参与国际事务和国际竞争的国际化人才"。而我国当前的大学英语教学主要以学生通过大学英语四、六级考试为目标，这种基于英语语言基础知识的教学致使很多学生并未具有英语的实际运用能力，偏离了国家高等教育的人才培养目标。基于此，拟构建以成果导向教育理念为指导，以培养学生英语综合能力为目标，关注学生主体地位，实施动态教学和以能力评估为主体的大学英语教学模式。

（一）教学模式分析

1.注重培养综合能力

　　与传统的大学英语教学模式不同，成果导向教育理念下的大学英语教学以学生毕业时应取得的学习成果——英语综合能力为目标，关注学生的英语语言知识、英语综合技能和跨文化交际能力。在该教学模式中，教师从学生的英语表达形式和功能两方面设计教学，引导学生主动学习英语语言知识；同时在教学过程中搭建相关主题情境，锻炼学生听、说、读、写、译五项技能，提升学生的英语综合能力。

2.重视学生的主体地位

　　从学生的预期英语学习成果以及学生未来的职业需求出发逆向设计教学，明确学生应学习什么英语知识与能力、怎样去实践这些英语知识与能力。从学生的内外部需求出发，积极创设学生参与式的英语课堂，根据学生参与英语学习活动程度适时调整学习内容，使他们在学习英语知识的同时进行实践练习。学生融入课堂教学并积极主动构建英语知识，加强学生的主体地位。

3.实现动态灵活教学

　　相对于传统英语教学模式下教师对学生的单向知识输出、全班统一教学的情况，成果导向教育理念下的大学英语教学过程更加灵活、动态化。教师基于学生的"最近发展区"

来安排英语教学内容，学生可以根据实际情况选择符合自己英语水平和能力的教学内容。同时，教师在日常口语交际情境及课后任务的完成情况中对学生的英语学习情况进行动态监控，对学生的薄弱环节给予及时反馈并强化练习。

4. 以能力作为评估主体

成果导向教育教学模式的目的在于：确保所有的学生在离开英语教育时能够拥有今后走向"成功"所需要的知识和能力，但并不要求他们在同一时间、用相同的方式达成。因此，学生的英语成绩、能否通过大学英语等级考试将不再作为教学评价的标准和教学的主要目标。教师要在单元教学、阶段教学、学期教学结束后，根据学生的预期学习目标设计相应的测试，应用形成性评价和总结性评价相结合的方法来评估学生的实际英语综合能力，并通过及时反馈促进学生英语知识的掌握、英语口语的熟练运用，帮助学生达成预期能力指标。

（二）教学模式实施

成果导向教育理念下大学英语教学模式的实施要从转变教育观念、规划教学环节、优化英语课堂教学以及进行个性化评价四个方面着手。

1. 转变教育观念

这涉及教师、学生以及教育管理部门三个方面。教师要逐步减少对课堂的掌控，积极引导学生参与英语学习情境，构建师生共同参与式课堂；以学生的英语实际水平和英语综合能力指标为依据制订英语教学目标，反向设计英语教学内容。对于英语学习主体的学生而言，要转变把英语考试成绩、学习英语学科知识作为首要任务的观点，改变一味地接受教师讲授知识的学习方式，而要在课堂上积极参与教师组织的交际情境，逐步养成自主学习英语的习惯。同时，学校教育管理部门也要支持引导和鼓励运用这一模式。

2. 规划教学模式中的各个环节

做好成果导向教学模式规定的各个环节，即定义学习产出、实现学习产出、评估学习产出和使用学习产出。教师在分析学生英语学习需求的基础上预期学习产出，以此制订教学目标，设计灵活多样的英语教学活动。在课堂教学中充分调动学生的积极性，帮助学生有效地掌握英语知识，鼓励学生在实际生活中运用所学的知识解决实际问题；制定评价标准，评定学生是否在生活情境中运用了课堂上学到的英语知识。

3. 优化大学英语课堂教学

成果导向教学模式下的课堂教学至少要实现从灌输向对话、从封闭向开放、从知识向能力、从重学轻思向学思结合、从重教轻学向教主于学等五个转变。英语教学不再是单向的知识灌输，而要在预期学生最终将取得的"英语学习成果"的基础上，关注学生听、说、读、写、译综合能力的培养与实践。依据英语知识目标和综合能力指标反向设计英语教学，根据课堂反馈结果不断调整教学进程，优化教学方法，最终实现英语教学目标。

4. 开展个性化评价

教师依据学生毕业时应达成的英语学科要求，制订不同的能力指标；学生根据自己的实际英语水平，设定不同的阶段性目标；通过课堂教学和实践应用检验学生的英语学习成果，依据阶段目标和能力指标的达成度对学生进行评估。由于学生个体间存在差异，所以对于不同能力、不同水平的学生，他们的目标达成情况并不相同，因此教师要结合学生实际实施个性化评价。

（三）教学模式的意义

成果导向教育理念指导下大学英语教学模式的构想将对我国英语教学改革与发展、教师技能的提升以及学生综合能力的培养产生积极作用。

1. 提高英语教学质量，优化英语教学结构

在成果导向教育理念下的大学英语教学模式中，通过评估学生英语学习成果，管理者可以及时掌握学生的学习情况，根据实际教学情况及时调整阶段性教学目标，进行师资培训，从而优化英语教学结构，提高英语教学质量。

2. 提升英语教师的专业能力及教学技能

成果导向教育理念下的大学英语教学以阶段性的英语知识目标和综合能力指标为指引，教师需要根据不同目标选择适合学生需要的教学内容，采取灵活多样的教学方法帮助学生达成目标，促进教师不断完善自身英语专业知识体系，并在实践中优化英语教学技能。

3. 促进学生的个性化发展，培养英语综合能力

在成果导向教育理念下的大学英语教学模式中，每个学生都有明确的英语阶段性目标，为达成目标学生可以充分利用各种资源，参与不同类型的英语教育活动。教师不再以学生对知识、语法的记忆情况进行评价，而是根据目标达成情况对学生进行考核。这有利于学生的个性化发展，提升其英语综合能力。

第三节　应用语言学的大学英语教学模式

应用语言学是当代教育发展中的重要学科内容之一，应用语言学与语言类学科具有紧密性，使我国教育者注意到其与英语教学之间的相容性，开始对应用语言学运用英语教学融合开展讨论，并取得一定的教育成效。然而，由于应用语言学科知识内容较为广泛，因此，当前应用语言学与英语教学融入的研究成果才取得一小部分成功。为了更好地发挥应用语言学在大学英语教学中的作用，应做好应用语言学的深入研究工作。

一、应用语言学的概述

应用语言学是一门综合性较强的学科，其不仅具有较多的语言本身知识与理论，同时还包括对语言社会因素与使用环境的研究。应用语言学作为语言学习的基础，是学生应该掌握的根本性知识内容，其概述体现在以下几方面。其一，应用语言学是一种探索的学科

知识内容，能够形成相对应的研究活动，应用语言学研究成果能够与其他语言类学科实行相容性；其二，应用语言学的特性，决定其研究成果，应该运用到人类活动领域中；其三，虽然应用语言学知识是语言类学科不能够缺少的组成部分，然而，能够对应用语言学起到帮助的学科知识内容，除了语言类学科，其他学科也能够起到帮助作用；其四，应用语言学的研究目标，是解决与语言类学科相关的问题，完善语言类学科的相关活动。

二、应用语言学在大学英语教学中的意义

（一）教学模式的改善

从语言类学科分析，大学英语学习的重点应该是英语口语交际能力，这是根据应用语言学的分析与理解得出的结论。然而，在以往大学英语课堂教学中，教师较为注重英语理论知识的教授，将英语知识内容局限于英语教材中，强调英语单词、语法、句型的理解与记忆，使学生的英语口语能力得不到有效的锻炼。长此以往，学生虽然具有较为丰富的理论知识，但羞于开口说英语，在开口说英语环节中总是表现不足。因此，大学英语教学将应用语言学融入教材体系中，能够丰富大学英语教材内容，创新教师的教学模式，使学生能够更好地学习英语知识，并且应用语言学提倡培养学生英语口语能力，从而使学生能够全方位地发展。大学英语教师可以根据应用语言学融入的教材知识内容，采取多元化教学模式，为学生授课，进而提升学生的英语口语能力。

（二）教学区域的分析

当前，大学英语教学行为还存在认知误区，这些认知误区能够影响学生学习英语知识内容的学习方向。例如，在大学英语课堂教学中，教师较为注重英语语法知识内容的讲解，很少根据知识内容为学生创设真实的说英语空间，让学生在英语空间中自由地说英语知识与练习英语知识，从而使学生英语口语能力低下。此外，一些教师将英语教学的重点，集中在学生对英语知识的理解与记忆方面，因为英语语法知识较为抽象，一味地让学生去分析与记忆，使学生焦头烂额，长此以往，一些学生对英语知识的学习形成厌倦，从而使学生学习英语知识兴趣不高。其实大学英语科学的教育目的，是让学生更好地运用英语知识内容，使学生能够运用英语知识表述自身的想法，从而培养学生英语口语交际能力。而在以往的大学英语教学中，忽视了这一点，致使学生学习英语兴趣不高。因此，将应用语言学运用到大学英语课堂教学中，能够改变这一教学现状，而教师也应该改变以往单一的授课模式，根据英语知识内容，为学生创造真实的口语交际环境，让学生勇敢地说英语，激发学生参与活动的积极兴趣，从而能够提升大学英语课堂教学质量。

三、应用语言学的大学英语教学模式的改革途径

（一）加强教师对应用语言学的认识

课堂教学是学生与教师学习与授课的主要阵地，只有教师教授得好，学生才能够学习得好，才能够学习到全面、有效的知识内容。故而，教师作为大学英语教学的组织者与引导者，应该对应用语言学具有一定的认识，才能够更好地为学生授课，才能够提升大学英语课堂教学质量。将应用语言学渗透到大学英语教学中，首先应该对教师授课模式与教育理念进行全方位的优化，因一些大学英语教师受到以往教育理念与教学模式的影响，很难适应应用语言学教学模式与教育理念，他们普遍认为英语单词与语法是学生学习英语的基础，同时也是学生学习英语的根本性知识内容。而将应用语言学运用到英语知识中，这一教学理论是近些年才推出的，一些教师难免会对其应用不适应。因此，大学学校应该加强教师培训，向教师宣传应用语言学理论运用到英语教学的优势与好处，提高教师对应用语言学的认识，使学生能够积极主动地将应用语言学运用到大学英语教学中。学校通过加强教师对应用语言学的认识，能够促进教师更好地运用应用语言学，创新以往的教育理念与教学模式，以英语情感教育为导向，使学生能够积极主动地融入课堂教学中，从而提升学生学习英语知识的积极性与主动性。

（二）开展英语输出教学

当前，大学英语在教学方面，较为注重学生的阅读能力与听力练习等训练，这些英语教学内容属于学生英语输入的层次教育，大都是学生如何学习英语语言的教育，然而，凸显学生如何运用英语语言、如何运用英语语言交际等英语输出层次教育却很少，同时英语输出教育也是现代大学英语教育较为欠缺的英语应用能力。应用语言学理论不仅强调在教学中提升学生听力与阅读能力，同时还强调在教学中为学生提供真实的教学情境，激发学生说英语的欲望，使学生能够在与他人互动、交流中，有效地掌握英语知识内容，进而提升学生的英语口语能力。随着社会经济的发展，社会企业对人才的需要也在不断地提升，其要求学生不仅应该具有丰富的英语知识理论，同时还应该是一个复合型人才，听说读写能力样样俱全，能够与他人进行良好的交流与沟通。因此，在大学英语课堂教学中，教师应该结合社会企业对人才的需求标准，将应用语言学运用到英语教学中，弥补以往英语教学的短板，以培养学生的英语口语能力为导向，为学生开展英语输出教学活动，提升学生的英语听说读写能力，从而培养学生的英语素养。例如，大学英语教师可以运用情境教学模式为学生授课，根据英语知识内容，为学生创设一个真实的英语交流空间，鼓励学生积极主动地融入情境中，为学生提出相对应的英语问题，让学生在情境教学中扮演不同的角色，教师在一旁加以指导与引导，使学生在英语交际、互动、合作中讨论英语知识内容，提升学生的英语口语能力，从而体现应用语言学运用到英语教学中的根本作用。

（三）优化教学模式，重视实践能力

将应用语言学运用到大学英语教育中，能够有效地创新教师的教学模式，优化教师的授课模式，教师教学模式得到优化，能够学生更好地开展英语教学活动，从而提升学生的英语知识水平。其一，在大学英语课堂教学中，教师应该以学生为课堂教学中的主体地位，自身为引导者与组织者，深入了解学生，根据学生实际，整合英语知识内容，为学生选取适合的教学模式，从而促进英语教学活动开展。例如，基于英语口语教学模式与以往听说读写教学模式不同的特性，故而，教师在授课时应采取不同的教学模式，突出教育重点，从而提升学生的英语口语能力。其二，在大学英语课堂教学中，教师应该根据学生的学习需求，采取分层次教学模式，根据学生学习的差异性，强化学生英语学习的薄弱环节，从而使学生能够在分层次教学模式中取得相同的进步。其三，在大学英语课堂教学中，教师应该与时俱进，有效地运用现代化教学工具为学生授课，将应用语言学知识内容变得形象化、生动化，便于学生更好地理解知识内容。此外，在大学英语课堂教学中，应用语言学应该以实践教学为导向，从而培养学生英语知识运用能力。教师可以根据英语知识内容，为学生组织相关的校园活动，如英语讲座、英语讨论会，鼓励学生积极主动地参与到活动中，进而提升学生的英语应用能力，同时还能够丰富大学院校生活。

综上所述，应用语言学是一门综合性较强的学科，其不仅具有较多的语言本身知识与理论，同时还包括对语言社会因素与使用环境的研究。因此，在大学英语课堂教学中，教师应该有效地运用应用语言学，改变教师以往的教学模式与教育理念，以培养学生英语语言运用能力为导向，从而提升大学英语课堂教学质量。

第四节　基于跨文化交际的大学英语教学模式

在大学英语教学模式的探索过程中，跨文化交际理念已经不是很新颖的教学观点。有无数大学英语老师通过大量的实践经验对其进行了完善和调整。但是大学英语教学模式中跨文化交际理念依然很难在实际应用中展现出来，在这种模式下教育出来的学生缺乏实际交流能力。在这种严峻的情势下，我们有必要积极地去探索跨文化交际理论的基础，不断查找在教学模式中出现的问题和不足，为基于跨文化交际的大学英语教学模式探索打下夯实的基础。

一、跨文化交际的概况

（一）跨文化交际的含义

跨文化交际是指不隶属于同一语言体系的主体，通常以了解彼此文化背景的方式实现更好的交流。

（二）跨文化交际的特点

从跨文化交际的基本含义中可以看出，其存在以下几个特点：一是跨文化交际的异文化性，也就是说参与跨文化交际的双方没有相同的文化基础；二是跨文化交际的同语言性，也就是说在跨文化交际的过程中，拥有两种不同文化基础的语言者需要使用相同的语言才能沟通，并展开各种文化交际活动；三是跨文化交际的口语性，跨文化交际实际上是实践的过程，是现实应用的体现，这个过程需要进行面对面的交流；四是跨文化交际的直接性，在实际的交际过程中，可以将实际理解用语言表达出来，并进行探讨或者沟通，实现对语言背后深层次含义的理解和掌握。

（三）跨文化交际的重要性

从理论上来讲，语言和文化是相辅相成的。我们学习英语过程就是汉语文化和英语文化之间交流的过程。所以，想要学好语言，就要从语言的文化开始学习，以便在切实的交流沟通中能够具有准确表达自身意思的口语表达能力。从细节方面来说，培养大学生英语跨文化交际能力有着以下几方面的意义：一是用跨文化交际的方式进行英语教学探索，有利于大学生表达能力的提高、人文素养的锻炼以及自身文化底蕴的沉淀，对于实现其在实际交际中的良好表现起着积极的作用；二是积极踊跃地尝试以跨文化交际的方式开展英语教学，可以为我国大学英语教育的改革提供夯实的基础，有利于我国大学英语教育改革事业的发展，是由应试教育向素质教育发展的有效途径；三是应用跨文化交际大学英语教学模式，有利于外国语人才的全面培养，对处理涉外事件方面的能力提高有着很大的帮助。

二、现阶段跨文化交际大学英语教学模式探索所面临的艰难问题

（一）跨文化交际价值观的缺乏

虽然在理论上文化和语言之间有着相辅相成的关系，但在实际的英语教学过程中出现了严重的失衡状况，过于偏重语言的学习，忽视了对于语言文化的重视，导致英语在实际语言应用中难以表达出所想表达的含义。具体表现有以下几点：一是理论教育的环境下，以授课为主，授课的方式方法古板单一，很少涉及与外语文化相关的事；二是教学过程中缺少实际的应用方向，教学的目的只为了体现在试卷或者问答中，严重缺少穿插在语言中的文化所带来的深刻含义；三是缺少语言应用的灵活性，多以标准答案和惯用语法来搪塞教学理念，使学生很难以全面深刻的方式理解语言的意义。

（二）跨文化交际教育经验不足

学习英语归根结底就是对外国文化学习和探索的过程，如果教师具备一定的跨文化交际成功经验，并且可以将自身体会到的文化内涵用易懂的方式传授给学生，就能促进学生实现跨文化交际能力的提升。但实际上，很多高校严重缺乏拥有这样资历的优秀教师。因此，在英语教学过程中严重缺乏跨文化交际的实际经验。

（三）跨文化交际教育体系不健全

我国跨文化交际教育理论相对于国外的研究来说，起步比较晚，发展速度相对较慢。我国的跨文化交际理论研究工作始于 20 世纪 80 年代，大部分在此方面做出突出贡献的学者和专家在实际中运用跨文化交际教学的工作经验还很少。从某种意义上来说，正是我国跨文化交际理论研究体系的不健全，导致我国跨文化交际意识匮乏，使得我国跨文化交际英语教学模式缺乏有效的引导，跨文化交际理论和实践的脱节是大学英语教学跨文化交际文化意识形成的最大阻碍。

（四）跨文化交际教育实践培训缺乏

跨文化交际的大学英语教学模式探索中，切实掌握文化规律是教师必须拥有的基本技能。注重参与跨文化交际实践培训活动，主动积极地接触跨文化交际教学技能，是各大学英语教师不断提高跨文化交际教学质量的有效途径。但是实际上很多大学英语教师都缺乏实际应用的跨文化交际培训，接触跨文化交际教学的理论和实践较少。在这种情况下要求教师进行跨文化交际大学英语教学模式的探索，使得大部分教师手忙脚乱，不知所措，所以这项工作的开展也就失去了实际意义。

三、基于跨文化交际的大学英语教学模式的探索

（一）建立健全的跨文化交际能力培养认知体系

健全的跨文化交际能力培养认知体系，主要涉及教学理念、教学目标以及教学原则等内容。我们可以从以下几点入手：一是树立正确的教学观念，通过更新教学理念，明确教学思路来促进跨文化交际教学工作的实际展开，必须实现教师队伍对跨文化交际认知能力的提高，并充分调动教师对跨文化交际教育工作的积极性，使其积极投身跨文化交际教育工作中，在工作中探索跨文化交际英语教学模式。二是确定正确的教育方向，就是以培养跨文化交际能力作为英语人才培养的目标，使其能够切实地发挥英语的社会功能，跟上社会对于英语教育要求的脚步，以调整和改善教学目标。三是找寻正确的教育体系关系，教学体系中的各个主体之间的关系，主要涉及本土文化和英语文化、英语的功能性和英语的文化性、语言文化教学和语言基础教学等，合理地处理它们之间的关系，使其共同致力于跨文化交际的实际应用显得尤为重要。四是搭建夯实的教学基础，我们以大学英语跨文化的教学特点为基础，循序渐进，倡导体验式教学，因材施教，将其作为贯穿整个跨文化大学英语教学工作的重点。

（二）将教师资格机构的升级和优化纳入重点

根据高校跨文化师资力量薄弱的现状，我们应将教师人力资源基础的扩大、教师资格机构的升级和优化当作跨文化交际的大学英语教学模式探索的突破口。积极采取有效的措施，需要做好以下几点：一是严格高校教师的招聘和选拔，给予拥有跨文化教育经验、留

学经验以及国外生活贸易经验的教师一定的优先条件；二是对教师采取有效的培训，积极将跨文化理论发展纳入培训体系中，实现教师结构整体升级的目的；三是适当增加外教的聘请和外教课程比重，让教师和学生都能在此过程中汲取经验，成为跨文化交际的大学英语教学模式探索中一个有利的突破口。

（三）加大跨文化交际的大学英语教学模式的理论研究力度

我国跨文化交际的大学英语教学模式研究处于落后于其他国家的阶段，所以紧跟先进国家的步伐，需加大开展理论探讨的力度，以填补我国这方面研究的空白，主要涉及以下几点：一是设立相应的跨文化交际的大学英语教学模式研究项目，组建专业的研究小组，结合实践经验来完善我国跨文化交际的大学英语教学模式理论体系。二是积极学习国外先进经验，及时归纳总结，比较内外优缺点，找到符合我国国情的大学英语教学模式。三是扩大跨文化交际的大学英语教学模式的现实应用，积极了解人才市场对人才需求的实际情况，并及时总结归纳经验，为健全教学模式打下夯实的基础。

（四）扩大引导学生参与跨文化交际的大学英语教学模式探索的范围

学生作为教学过程中不可或缺的重要组成部分、教学过程中的主体，要积极地鼓励学生参与跨文化交际的大学英语教学模式探索，对健全这种教学模式有着至关重要的作用。我们可以通过以下几个方面来完成：一是通过各种渠道增加学生与跨文化媒体的接触力度，为学生提供良好的学习环境；二是将情感教育通过文化作品、文化情景以及文化产品的方式融入跨文化交际的大学英语教学过程中去，积极培养学生跨文化交际的兴趣，将其转化为学生自主接纳跨文化交际的大学英语教学模式的动力；三是积极培养学生自主学习的能力，利用课外探索、趣味游戏等方法实现养成学生跨文化交际的学习习惯，为开展跨文化教学工作打下坚实的基础。

综上所述，基于跨文化交际的大学英语教学模式探索，可以切实地在学生的文化意识、语言能力的提升以及综合素质的增强等各个方面发挥积极的作用。我们必须积极有效地开展各个方面的工作以促进跨文化交际的大学英语教学模式的完善，随着跨文化交际的大学英语教学模式在各大高校有效地展开，基于跨文化交际的大学英语教学模式探索必将为大学英语教学效果的提高发挥一定的借鉴和指导作用。

第五节　智能手机辅助大学英语教学模式

当今社会突飞猛进的发展对大学生的英语综合能力提出了更高的要求。众所周知，智能手机具有泛在性、及时性、交互性和多媒体性的功能，其颠覆了传统的教学模式。近年来，智能手机在高校大学生中日益平民化。这为大学英语学习提供了新的平台。那么，如何使得智能手机和大学英语教学更好地结合，为当代大学生创造更加优越的学习环境，成为当前具有划时代的意义。因此，本节提出了智能手机辅助大学英语教学这一课题，其目的是建构一种新的不同于传统的大学英语教学模式，使得学生能够随时随地地学习，进一步加强学生英语综合能力和自主学习能力的培养，从而提高学生的英语综合能力。本节以大学英语教学为例，通过在大学英语课堂教学中使用智能手机在课前预习、课中教学和课后学生自主学习的实践，从而可以得出智能手机在大学英语教学中的必要性和可行性。

互联网时代背景下，使得智能手机在大学生中普及开来，也使得大学英语教学发生了翻天覆地的变化。传统的大学英语课堂是低效和被动的，智能手机的出现颠覆了这种传统的教学模式。此外，大学英语课堂上存在的普遍"低头族"和沉默现象要求我们必须改变这种现状迫在眉睫。本研究目的在于通过引导学生把智能手机应用到大学英语课堂的自主学习中去。"将智能手机的消极功能转变为积极的学习工具，使得学生掌握一定的自主学习的方法，使得学生养成良好的学习习惯以及学习技能，从而使得学生养成自主学习的良好习惯。智能手机应用得好可以改变这一现状。"随着互联网的普及，智能手机的应用在各个领域，功能越来越多并且强大，应用的软件也越来越高级。智能手机正在改变着人们的生活方式，价值观念和思想观念，也改变着传统的大学英语教学模式。

因此，目前急需一个正确、积极的课堂模式来应用智能手机。正确地引导学生合理使用手机，从而丰富大学英语课堂教学，促进学生积极思考。本节正是探讨智能手机在大学英语课堂上的积极应用，从而提高教师对智能手机在课堂上的应用的重视，建立一个合理积极的智能手机应用模式。

一、智能手机催生大学英语教学

4G网络的普及和Wi-Fi的快速发展推动了智能手机的平民化运用。智能手机具有携带方便、网速快，功能齐全等特点。因此，能够融入生活的方方面面。我们与人交往、学习、娱乐以及购物等等都离不开智能手机，其影响着我们生活的各个方面，并且正在改变着我们的生活方式以及我们的世界观。因此，大学英语教师也应该多加思索智能手机在大学英语课堂中的应用。"大学英语教师应该抓住这一契机，将其大胆地应用到大学英语课堂中，从而为我们大英课堂注入新鲜的血液，激发学生的学习动机和兴趣，提高大学英语教学质量，达到大学英语教学的目的。"

二、智能手机辅助大学英语学习

智能手机有限笔记本电脑一样的功能，并且比电脑便于携带。智能手机辅助大学英语学习是指，利用智能手机，在任何时间、任何地点来学习大学英语。并且这些设备能后有效地呈现出学习内容，还能够提供教师和学生之间的在线交流模式。

三、智能手机参与教学的必然性

传统的大学英语课堂教学中，以教师为主、学生为辅的教学模式已不能满足当今时代发展的需要。在这种课堂中，以讲师的讲授为主，学生缺乏独立思考的能力。"那种死板单调的教学模式，学生只会死记硬背，不会在日常生活中进行灵活运用。学生一直以来处于一种被灌输的状态中，失去了创造力和想象力。学生的学习毫无兴趣可言。"

然而，在数字化的今天，智能手机成为交流的主要工具，学生的碎片化学习在整个大学校区普及开来。学生可以通过手机来观看教师发布的视频讲座，在手机上讨论问题、作业和考试等都可以由手机来完成。随着数字化校园的推进，人手一部手机的便利给智能手机应用于大学课堂提供了可能。"因此，在这种大趋势下，大学英语教师更愿意利用这种快捷、高效的教学模式。只要我们在大学英语课堂上容许学生利用手机和网络，那么传统的大学英语教学模式将会走向瓦解，真正的教育变革就会来临。"

四、智能手机参与大学英语教学的可行性

（一）理论依据

《大学英语教学指南》指出，"大学英语教学以英语的实际使用为导向，以培养学生的英语应用能力为重点"，提倡以教师为主导，以学生为主体的教育思想，强调教学遵循外语学习规律，要求教师创设主动学习的环境和条件来引导学生积极主动参与。此教育理念跟布鲁纳的认知学习理论完全吻合。布鲁纳认知学习理论认为学生的学习是需要教师的引导，注重培养学生在学习过程中的主观能动性。学生在学习知识的过程中，学生起到主导作用，教师只是引导学生去发现思考问题，慢慢地自己去解决问题。然后可以建构科学的知识结构体系。学生只有掌握了这些学习方法，才能够融会贯通，举一反三，实现学习的正迁移作用，从而能够依靠自己获取更多的知识。布鲁纳的认知学习理论正好可以对大学英语教学有着指导作用。当前的大学英语课堂存在诸多问题，诸如班级人数众多、教学课时量少、教材老套等。出现的这些问题使得传统的大学英语课堂难以满足学生英语水平参差不齐的现状。然而，布鲁纳的认知发现学习理论与智能手机相结合可以解决当前大学英语课堂上所遇到的难题，智能手机具有资源丰富、时间、空间不受限制等优点。

（二）智能手机的多功能性

智能手机的功能等于一台笔记本电脑，甚至比电脑更快捷方便，里面可以安装学生学习的各种软件工具如微信、QQ以及各种电子词典等等。学生可以在任何时间、地点和空间连接网络进行随时随地的获取目标信息和资料。智能手机在大学英语课堂上的应用能够转变教师的教学理念。在课堂上以学生为主、教师为辅的教学模式能够极大地调动学生的主观能动性，活跃课堂气氛，提高学生的学习积极性和兴趣。

"智能手机具有商务速度快、屏幕清晰、支持在线阅读文本和观看视频文件等优势。与此同时，智能手机还能够下载所需要的视频、图片等。还具有录音、录像等功能。据调查，现在的智能手机是人手一机，因此，智能手机可以成为大学生英语学习的一大优势平台。"

五、智能手机在大学英语课堂上的运用

（一）课前预习

在上课之前，教师可以把学生的学习任务发到班级群里，或者上传到云端。学生可以利用手机随时随地下载了解学习任务，这样可以培养学生的学习自主性。当前的大学英语课堂教学以听说读写译为主导，由于课时量的限制，这几项任务不能全部在课堂上进行。那么，为了提高效率，就可以借助智能手机来完成这项教学任务。教师可以把提前录制好的视频等教学资料传到班级群中，比如听课文、看视频、学单词等一系列教学任务可以提前预习，从而发现问题，自己解决不了的，可以在课堂上由教师来解决。这样可以大大地提高学习效率，从而完成大学英语教学的目的。

（二）课堂教学

当今，大学英语课堂上 95% 的教师使用多媒体课件上课，黑板上基本没有任何板书，PPT 翻页过快，这样导致学生没有时间做笔记。然而，智能手机的应用可以缓解这一状况，学生可以用手机拍照功能；还可以使用录像功能，把任何细节都可以录制下来，课后可以整理复习使用。众所周知，很多学校的大学英语课堂都是上百人，这样一来造成教师不可能给予每个学生发言的机会。然后，微信和 QQ 的使用的普及，可以让学生对教师课堂上要讨论的问题放在微信和 QQ 上，学生可以在下面留言发表自己的看法，教师随时随地都可以了解学生在学习过程中不懂的问题，教师可以随时给予回复，随时解答学生的问题。因此，大大地提高了大学英语课堂效率。

（三）课后复习

智能手机的使用，除了能够及时复习课堂上所学的知识以外，学生还可以根据自己的爱好关注公众号，来学习自己喜欢的知识。再者，学生可以利用微信、QQ 留言等向老师提出自己的问题，及时解决不懂的问题，跟老师保持积极的交流和互动，从而提高自己的学习效率。其次，学生不仅可以在课堂上学习知识，智能手机的使用，使得学习在课外一样的进行。学生可以下载自己喜欢的视频、软件等来学习自己需要的知识。这是作为课堂上的有益补充，更好地提高学生的自主学习能力。

六、大学英语课堂上智能手机使用带来的局限性

智能手机运用到大学英语课堂上，虽然有很多有利条件，但是也会产生很多不利的影响。智能手机运用于大学英语课堂，对于那些自制能力差的学生而言，他们可能会用来娱

乐，这样反而影响学生的正常学习。再者，长时间使用手机，总是盯着屏幕对眼睛的伤害也是很大的。这些都是需要我们关注并且解决的问题。

　　智能手机运用到大学英语课堂对于当前大学生而言机遇与挑战并存。作为一名高校教师，我们应该重视这种先进的教学技术与课堂教学相结合，从本校的实际情况出发，重构以智能手机为依托的具有划时代意义和可行性的大学英语课堂教学模式。"我们要倡导以学生为主、教师为辅的教学理念，提高学生的主观能动性，培养学生自主学习的能力，为终身学习奠下坚实的基础。总之，这种新型的教学模式具有很强的生命力和广阔的前景。如何有效地把智能手机运用到教学上，是我们高等教育者所要研究的重要课题之一。"

第六节　多元互动的大学英语教学模式

　　学生对于英语的学习最佳时期就是大学时代，因为大学毕业之后就面对找工作，因此在该时期进行英语学习至关重要，作为教师要注重对于高校学生的英语能力的培养，不断提高学生的能力水平，为社会发展培养有用人才。就当前的大学英语教学现状可以看出，教师所教授出的学生普遍存在共性，就是高分低能，这一教学效果的缺陷使得英语的教学效果受到很大的影响。所以，随着新课改的不断发展，处于当今时期高校的教学，要不断深入进行大学英语教学模式的探究创新，充分地将多元互动教学这一重要的模式运用到教学活动中，从而优化教学效果，培养学生的英语能力。

一、大学英语教学模式的现状探究

　　很多国外的外语教学模式具有多样化的特点，探究的维度也十分的广泛，折中主义的观点备受人们的欢迎。在外语进行教学活动中从折中的角度出发，为学习者营造多元化的学习氛围。因此，国外在进行教学活动中一般运用的教学模式有课堂讲授型、相互交流型和折中型三种。因为国际化步伐不断加快，所以高校的英语教学模式也在不断改革创新，逐步朝着开放性、多向性的方向发展。紧接着，教学的环境也逐步转变，开始朝着多元化、开放性的方向发展。所以，教师在进行教学模式的选择时要注意教学目标的确定，要通过教学激发学生的学习热情，选择适应学生的教学策略，培养学生具备正确的学习观，能够积极主动地参与到学习中]。当今时代由于信息技术的飞速发展，所以高校的英语教师要注意不断探究教学模式的创新发展，不断促进多元互动教学模式的完善，为学生营造一个具有开放性特点的学习氛围，从而不断地提高学生的英语水平。

二、不断完善大学英语多元互动教学模式的对策

　　大学英语教学中，教师要想充分地运用多元互动教学这一重要模式，就要明确其模式

运用所必须具备的条件，以下是针对进一步完善大学英语教学中的多元互动模式的具体对策。

（一）不断提高教师的素养水平，创新教学观念

高校教师在英语教学活动中充分的运用多元互动这一模式，首先要注意角色的明确，促进教学观念得到创新发展，教师要积极起到教学引导的作用，不断提升教师自身的素养水平。比如，教师要充分地运用课余的时间，积极参加到相关的学习活动中，进而促进自身教学素养和能力，为多元互动教学模式的充分运用奠定良好的基础。除此之外，教师还要将学生的英语水平现状作为基础，进行教学活动的设计。教师的经验不断得到增加，所以教学活动的设计具有科学性，能够使得学生积极参与到学习中，不断促进学生的英语能力得到提升。

（二）不断促进硬件的建设工作，为学生提供学习资源

所谓的多元互动教学模式相比其他的模式而言，具有很大的特点，其所涉及的范围十分广泛，还需要网络的辅助作用。因此，在高校的英语教学活动中充分地运用多元互动教学模式，与网络息息相关，需要网络硬件的支持。因此，在网络硬件的运用下，能够促进教学效果得到优化，进而促进学生更好地进行学习。高校要不断完善硬件设施，还要积极为学生提供丰富的学习资源。教师要站在多个角度进行分析，为学生营造学习氛围，提供具有价值的资源，进而提高学生的英语技能，优化学习效果。

（三）要不断加强教师的引导和监督

大学英语教学活动中充分地运用多元互动这一教学模式，作为教师不但要在教学活动中起到引导和监督的作用，同时教师还要积极在课下引导学生进行学习，因此教师在进行教学活动的设计时要注意将学生的实际情况作为，设计现实中的情景，以便激发学生的热情，同时借助网络的作用，在课余时间对学生的学习进行监督。从而提高学生的学习效果。

（四）不断健全评价反馈体系

在高校的英语教学活动中教学评价这一环节至关重要，该环节的进行能够对于学生的学习目标和学习效果起到重要的影响。在过去传统的英语教学活动中，一般所采用的评价是结果式的评价，主要将重点放在最后的成绩上，从而忽略学习的过程，这样的评价具有片面性，不能有效地激发学生的学习兴趣。因此，在进行多元化教学中，教师不但要注重结果的评价，同时还要注意对学习过程的评价。对于教学过程的相关资料等进行总结评价，从而提高学生的英语素养水平，促进其英语能力得到发展进步。

总而言之，在高校的英语教学活动中充分地运用多元互动教学模式，促进其具有开放性，能够促进教师创新发展教学观念，为教师的活动设计打好铺垫，充分地呈现出这一教师模式的优点所在。除此之外，要想促进学生的英语素养水平得到提高，就要为学生提供丰富的学习资源，设计科学的教学活动，从而提升学生的能力。

第四章 文化自觉

第一节 大学英语教材中的文化自觉

大学英语教材是学生与目的语文化接触的载体，文化自觉使学生认识母语文化和其他文化之间的异同，并且能从不同的参照系反观母语文化，又不盲目排斥异文化或被其同化。本节基于对大学英语教学中常用的两套主流教材内容的分析，从母语文化和目的语深层文化方面分析大学英语教材中的文化自觉和实现，为未来大学英语教材编写者提出一些在教材中实现文化自觉的建议。

语言是文化的产物，同时又是文化的载体，一个人不可能学习使用一门语言，而不学习该语言的文化。"跨文化交际已经成为现代交际不可避免的现象，具备跨文化交际能力亦成为现代交际能力的必要组成部分。"文化自觉指生活在一定文化中的人对其文化有"自知之明"，明白它的来历、形成过程、特色和发展趋向，不带任何"文化回归"的意思，不是要"复旧"，同时也不主张"全盘西化"或"全盘他化"。自知之明旨在加强对文化转型的自主能力，取得决定适应新环境、新时代文化选择的自主地位。文化自觉使人能够认识母语文化和其他文化之间的异同，能够从另一个不同的参照系反观自己的母语文化，同时又能对异文化采取较为超然的立场，而不是盲目地排斥或被同化。培养这种文化自觉，需要在接触异文化的过程中深入地了解异文化的深层内涵，在明晰自我文化身份的基础上理解"他者"，实现文化身份的重构。

教材是实现教学目标的主要手段，大学英语教材促使学生与目的语文化发生接触、交往，也是大学生明晰自我文化身份以及文化身份重构的过程，因此大学英语教材要帮助大学生意识到文化自觉的重要性，更好地理解世界文化，提高学生的跨文化意识和能力。

大学英语教材重在关注不同语言负载的文化在深层结构即价值观和思维方式上的差异，而不只是介绍交往礼仪、风土人情和时政要闻等，要让学生能从不同的文化中吸收养分，发展对语言和文化的认知和元认知，明白母语文化和目的语文化不是分隔和对立的，从而获得世界的整体性知识。因而在大学英语教材中应凸显文化自觉的重要性。目前，学界缺乏对大学英语教材中文化自觉的研究，本节基于对大学英语教学中使用的两套主流教材内容的数据分析，从母语文化和目的语深层文化方面分析大学英语教材中的文化自觉和实现。

一、现行教材中母语文化的缺失

文化自觉首先要认识自己的文化，充分认识自己的历史和传统，理解接触到的多种文化，才能在这个已经形成中的多元文化的世界里确立自己的位置。

大学英语教材要科学合理地配置英语国家文化、中国文化和国际文化的知识才能适应全球多元文化发展的需要。母语文化在大学英语教材中至少有两方面的重要作用：①对比母语文化与目的语文化，能更加深刻地揭示出目的语文化的特征，从而加深对母语文化和目的语文化本质特征的理解；②调整学生的民族中心主义观念，培养学生对目的语文化的积极态度，提升学生英语学习的积极性。

我国的大学英语教学一直以来以语法—翻译法为主，学生和教师在应试的压力下往往忽略文化学习和传授，而且汉语和英语在时间取向上、思维上和篇章结构上差异大，学好英语存在难度，因此国内的大学英语界避免教学中以"己文化"度"他文化"，导致文化"负迁移"的现象，强调尽量给学生营造英语环境，课堂上要求全英文授课，有意识地回避母语和母语文化，只关注目的语和目的语文化。

目前大学英语使用的两套主流教材：《新视野大学英语读写教程》（郑树棠 2011）的第一册 9 单元 B 中提到学习汉语；第二册 3 单元 B 写的是华裔美国人生活中外籍女婿见华人丈母娘的故事，9 单元 B 写的是华裔在美国艰苦磨炼而成功；第三册 6 单元 A 中有一句话提到中国古代就积累一些地震预测经验，第四册 3 单元 B 中提到中国人，4 单元 A 中有一句话提到中国的电信发展。在 80 篇文章中，只有 6 篇文章提到中国，其中 4 篇文章仅有一句话涉及中国，另两篇文章是华裔美国人的生活经历，与中国人生活相关的、与中华文化相关的文章几乎没有。《全新版大学英语综合教程》的第二册单元 A 是一个美国教授所写的对比中美教育方式的文章，第四册 3 单元 B 是华裔英国知名女作家韩素英的自传，回忆她 15 岁在中国求职的经历。在 64 篇文章中，共有两篇文章涉及中国，其中一篇出自美国人之手，另一篇也不完全是中国人的生活写照，教材中也几乎没有涉及中国文化的文章。

大学英语教材中母语文化的缺失造成中华文化的失语现象，如在口语强化培训课上，有学生谈到孔子时直接说 Kongzi 不知道用 Confucius，外教不知所云，当外教探询中国 Confucianism / Taoism（儒／道）传统时，学生却不知如何作答，更无法向外籍教师介绍中国的文学、朝代、建筑、艺术和伦理等，从中亦可以看出大学英语教材忽略对母语文化的传授，造成大学生对母语文化的表述不理解、不重视，使学生很难在跨文化交际中向外传输母语文化，使学生学习的过程中容易盲从地接受目的语文化的规范，反而疏远自己的文化传统。实际上学生在开始接受正规教育时就已经内化母语文化的价值观，外语教学不需要切断学生与母语文化所有联系。在大学英语教材中我们应该重视母语文化并能将其英译，让学生熟悉其目的语表述，学会用目的语介绍中华文化。

成功的外语学习者，对目的语和母语的掌握是互相促进的，对目的语文化更深层次的理解和欣赏与对母语文化更深层次的理解和欣赏也是相辅相成的。中国的英语学习集大成者，如林语堂等都精通母语文化，不理解母语文化很难真正学好英语语言和文化。霍尔指出"多年的研究已使我坚信，真正的工作不是理解外国文化，而是理解本国文化，我也坚信，人们从研究外国文化能得到的不过是表面的理解，这类研究最终是为了更加了解自己系统的活动状况"。学习目的语文化并不意味着同化，而是用一个新的角度去看待母语文化和目的语文化，学会包容和理解不同文化。只有对母语优秀传统文化有充分的认识和足够的修养，才能理解目的语文化，并逐步拓展自己的跨文化心理空间，对文化的多元性展现出一种恢宏大度和兼容并蓄的跨文化人格。

二、现行教材中目的语深层文化的忽视

文化是知识、信仰、价值观、宗教、时间概念、空间关系、宇宙观累积的沉淀物，以及一群人通过数代人的个体和群体的努力获取的物质对象和财富。文化可以分为表层文化和深层文化，表层文化包括服装、建筑物、交通工具和通信手段等。深层文化是软文化，即精神文化，其核心是观念（包括传统观念与当今观念），而观念的核心是价值观念。深层文化范围远远超过表层文化，包括法制观、道德观、人权观、婚姻观、发展观、宗教观、个体与群体观等，它是文化的内核，是民族文化的精神实质，决定着文化的特征和风范。对于理解目的语文化，重要的是理解深层文化，因为文化隐藏之物大大甚于其揭示之物，它隐藏的东西最难为其自身的参与者所识破。而文化的深层结构是一个文化不易变动的层面，它是相对"表层结构"而言的。在一个文化的表面层次上，自然是有变动的，而且变动往往是常态。

国内教材的编写者和研究者尽管很重视目的语文化的输入，但是在教材编著中强调目的语的表层文化，忽略目的语深层文化的内容。由于大学生触摸到的基本上是目的语文化的外壳，缺失对目的语深层文化的了解。例如在表层文化的输入中，学生很容易知道《圣经》及其中的创世纪等，但在深层次的交往中，就表现出目的语文化的欠缺，对外教在交流时信手拈来的有关圣经典故等完全不了解。在介绍"鱼米之乡"时，学生使用 land of fish and rice，可外教并不理解，因为英文使用源自《旧约·出埃及记》的 flowing with milk and honey. 摩西对受苦难的犹太人说，"我下来是要救你们脱离埃及人之手，领你们出了那地，到那牛奶和蜂蜜遍地流淌的地方"。学生不了解这个典故，使用英语表述时就不准确，这样的用法也反映出中国传统农耕文化和西方游牧民族文化的差异。因此学生的英语交际障碍不能简单地认为中国学生羞涩、词汇不够或者语法不清，还应该考虑到在大学英语教材中缺失对目的语深层文化的理解。

《新视野大学英语读写教程》中的 80 篇课文绝大部分选自 20 世纪八九十年代出版的英美报刊和书籍，也有 21 世纪刚刚问世的作品。为配合教学需要，对选材的部分内容进

行过删改，但没有一篇出自著名的作者或者经典的作品；《全新版大学英语综合教程》64篇课文绝大部分摘录自报纸和杂志，作者绝大部分是报纸或杂志的记者、专栏作家、编辑。经典作家或者作品几乎没有涉及，甚至节选也没有，经典阅读的缺失对教学产生了很大的影响。

苏霍姆林斯基曾试过用很多方法促进学生的思维，得出的最有效的手段就是扩大他们的阅读范围。因此在大学英语教材中应该重视学生的阅读广度和深度，要让学生对目的语文化有整体性的认识和了解，注意克服因自身文化定式可能导致的对异文化过分简单化的概括乃至偏见，认真汲取目的语文化中的人类文化宝贵遗产。时至今日，全球化已经成为社会的发展趋势，在回应这一现实的过程中，文化自觉不仅是理解与把握自己文化的根和种子，更要深刻、完整地认识西方文化，以找到一个真正能够相互对应的发展坐标。

三、大学英语教材中的文化自觉实现

在当今西方文化为"强势文化"的世界格局下，文化价值的渗透更为隐蔽，这更需要建立本民族的"文化自觉"，拥有文化自觉的人能更清楚地认识到各种文化相遇时的彼此关系以及判断如何确定自己的文化认同。也许我们不能改变现状，但我们可以让它向更理想的方向转化。

通过与其他文化的交流，人们感到自己同属于一种文化。任何文化都在与其他文化的联系中，或是在其他文化的对立面来定义自己，通过揭示与其他文化的差异，才使我们感到我们属于哪一种文化。文化身份的建构离不开"他者"，这里的"他者"是相对于"自我"的一个参照物，我们通过与他人的联系认识自我、定义自己。因为必须有"他者"，人们才能给自己定身份。身份的"主体"（自我）的独立离不开"他者"，"主体"（自我）既要得到"他者"的承认，又要在与"他者"的对抗中，满足被"他者"承认的愿望。

实际上，文化之所以要进行认同，是因为有"他者"存在，担心被"他者"同化而失去自我，如果没有"他者"，也就没有自我确认的意义和必要性。一个人或民族通过与"他者"的区分来确定自己的身份认同，每一种文化的发展和维持都需要一种与其相异质并且与其相竞争的另一个自我的存在。理解他者，建构自己的文化身份，一定要深入目的语文化的核心，要在大学英语教材中体现出目的语深层文化的经典哲学、经典文学和古典文化，强调对目的语深层文化的真正理解。

（一）大学英语教材须加强目的语经典历史文献阅读

解决现代社会面临的理性危机就要重视大学教育，完善学生的天性，使学生懂得关于人、人类的永恒问题，这就需要在大学里开展通识教育，回归传统，阅读经典。让学生接触名著，以净化他们的灵魂，懂得追求卓越与德行的完美，西方教育家赫钦斯对"共同人性"以及"本族群的属性"这种永恒性研究，其精华首先体现在西方文明的历代经典著作中，大学生在进入专业研究之前，不分系科专业全部应首先学习"西方经典"。这些学习会发掘出我们共同的人性要素，因为它们将人与人联系起来，因为它们将我们与人类以往的最佳思维联系起来，因为它是进一步学习和理解世界的基础，一本经典名著在任何时期都具有现实意义，这就是其经典之所在。如果一个人从来没有读过西方世界的任何名著，我们如何能称他是一个受过教育的人？

学生要阅读原著，经典教育的最好途径是将注意力放在经典作家的著作本身，而不是放在论述他们著作的书籍上，必须使读者与天才面对面地接触。经典著作揭示人类普遍关心的基本问题，教师在教学中要引导学生在学习过程中不断思考它们如何影响我的生活，它们能医治我们的哪些疾病，它们如何改善并弥补我们的缺陷，何处是我们的榜样，何处是我们的警告。大学不是青年人来寻找其职业的地方，而是来找到自己的地方。

大学英语教材应有哲学的内容。"哲学"一词由古希腊人所创，意为"热爱智慧"。古希腊人把热爱智慧，追求智慧作为人的始终如一的精神状态。从古希腊的毕达哥拉斯、苏格拉底、柏拉图、亚里士多德以及古罗马的西塞罗，到后来的卢梭、孟德斯鸠和康德等，西方哲学大师对西方的思维方式、民族性格、公民文化及崇尚民主、自由、科学和理性的传统都有深刻的影响。林语堂所说"少时读《亚里士多德》，使我不胜惊异的，就是读来不像古代人的文章，其思想、用字、造句，完全与现代西洋文相同，使人疑心所读的不是二千多年前古代希腊哲学家所写的，而是 19 世纪或 20 世纪的西洋论著，最重要的是他的《逻辑学》(Organon) 中逻辑的形式系统，后来这逻辑系统统制西欧二千年的学术"。中国与西方哲学的差异，体现在思维方式、人文精神、伦理观念、逻辑、人生观和世界观等各个方面。中国人讲"天人合一"，而西方哲学则持"天人相分"的观点；中国人遵从集体取向，而西方人崇尚个人奋斗；在时间取向上中国人常感怀过去，而西方人则着眼于未来；在思维方面，中国人重整体、重主体，而西方民族重逻辑、重理性、重分析，反映在篇章组织结构上，汉语是螺旋形，而英语呈直线行。

哲学的使命在于把个别、具体的东西与更一般的东西联系起来，最终深入人与自然融为一体的境地；同时，哲学也是一切精神活动的中心，每一科学活动，甚至每一针对内在目标的人类努力，都根据哲学确定方向，并从哲学中获得精神的生命力，就语言来看，哲学的有益影响几乎遍及所有方面，在一个民族中间，科学教育的性质越偏于哲学，就越有助于语言的发展。因此，加深学生对最根本的哲学层面的文化认识，不仅有利于学生提高跨文化交际意识，而且有助于提高阅读、写作和听力等方面的语言技能。

大学英语教材应包含经典文学的内容。文化能够通过文学的媒介表述自己，文学是第二语言教学中的组成部分，文学的主要功能之一是作为媒介传播。没有文学，就不能发现他国文学的独特之处和对多样的叙事文体难以有深层次理解，从而也无法理解其他国家人民的相似性和不同性；无论是全球经济发展，还是多民族的社会都需要公民能够理解自己和他国的语言、传统和文化历史。文学文本是学习者能利用的语言资源，阅读文学作品能帮助他们发展语言能力。利用文学作品去阐释渗透其中的目的语文化的价值观有助于学习者重新定义在母语文化中获得的价值观，文学作品相当于提供一个新的视角帮助学习者了解文化之间的共同点和差异。大学英语教学中的阅读材料可以被用于教授文化。目前，大学英语教材的阅读材料只是我们自己根据不同难度水平架构的语言体系，这就变成了没有文学成分的读本。

希腊文化是欧洲文明的发源、人文主义的摇篮，也是西方全部人文研究的根底。两千年来，古典文化不仅是西方学人从未间断的研究对象，更是他们永远眷念的精神家园。古典文化产品因代代相传而得以延续久存，其作用和影响惠及当代。"这些产品播种着生命，因为它们本身即生成自完备的生命。"但在大学英语教材中没有这方面的内容，外籍教师在课堂上提到美国著名诗人爱德华·罗宾逊（Robinson）的诗，结果同学不知道，外教提到波塞冬（Poseidon）时，有同学记忆起观看过的日本动画片，指出波塞冬是希腊神话中的海神。实际上，古典文化和希腊罗马神话对英语文学（如诗歌）具有深刻长远的影响，莎士比亚（Shakespeare）、弥尔顿（Milton）、雪莱（Shelley）、济慈（Keats）和勃朗宁（Browning）等都用神话故事丰富他们的题材。意大利的但丁（Dante）、德国的歌德（Goethe）和席勒（Schiller）等都从神话中汲取素材和典故。不了解希腊罗马神话故事，就在相当程度上失去欣赏和了解目的语国家文学和艺术的机缘，对于一名学习英语的大学生来说，了解一点神话故事知识非常必要。

大学英语教材应该涉猎西方经典原著，这些是学生在繁忙的日常生活中可能不会有时间和机会去探求的领域。有些知识是人类智力成就的共同基础，学习这些语言的句法所形成的坚韧性及自我克制精神足以增强个性，提高个人的道德发展水平，实现外语教材的人文价值和工具价值的融合。

（二）大学英语教材须加强母语文化的目的语表述

语言是国家的灵魂，我们可以通过语言分析发现国民性。因为语言学习本身应该是一种双向交流，文化输出和文化输入具有同等地位，没有文化输出就变成单方面的文化引进，跨文化交际表达的是双向的交际行为，绝不仅局限于对目的语文化的理解，还包括与对方的文化共享和对对方的文化影响。

大学英语学习并不是抛弃母语的过程，实际上正是与异文化的接触，才更能让学生意识到自己的文化，才更能让人意识到自己的文化身份，如果没有文化他者的存在，母语文化传统就只是一种未经比较和反思的智慧。他者提供一个参照系，在与参照系的比照中可以重新认识自我以及文化传统。

大学英语教材中的文化内容只有通过文化对比，才能促使学生对文化进行国际性的思考，继而提高学生的综合文化素质。作为大学英语教材应该包括：①目的语文化材料，以英语为母语的地方文化。②源文化材料，学习者自己的文化。教授文化时，教师应该记住的是需要提升学生对学生自己文化的意识，母语文化是与目的语文化进行比较的基础，这样方能显现目的语文化的主要特色，同时提升学生对母语文化和目的语文化中精华部分的深层理解，只有这样学生才能获得跨文化交际所必需的容忍和敏感度。

大学英语教材应加强对母语文化的哲学、文学和古典文化的目的语表述。首先，是帮助学生意识到自己的中华文化传统，意识到自己的文化身份，帮助学生认识自我、理解主体，在学习目的语文化时加深和强化自己的文化，使他们学会表达自我，让学生树立民族自信心，提升民族自豪感，树立平等的交际意识。其次，是要深化对目的语文化的"非西方视角"探索，推进中西方文化的平等对话，要在中外师生的交流中，培养学生输出母语文化的意识，保证文化的双向传输，用目的语介绍、传播中华文化，增进外国人对中华文化的了解；维护中华文化的话语权，从而在交际中处于较为有利的地位。最后，是在和西方世界保持接触、进行交流的过程中，把我们文化中的精华传播出去，使其变成世界性的，获得中华文化的话语权，不是让中华文化与西方文化对立起来，或者简单地以民族自豪感取代文化交流中实事求是的态度，使学生意识到中国的历史和文化是世界的一部分，自己不仅是中国文化的传承者，也是世界的一分子，是世界文明的延续者，这正是外语教材的桥梁作用。

本书通过对常用的两套主流大学英语教材内容的分析发现，现行的大学英语教材中缺失用"地道"英语表述的母语文化内容，中国学生在中外师生交往中很难用英语准确地表述自己的母语文化。同时，现行的大学英语教材忽视目的语文化的深层文化内核如价值观、与语言文字有关的思维方式和信仰等，中国学生面对所学的目的语文化，因为未能触摸到文化的内核，徘徊在他者文化的边缘，导致理解障碍。

本书希望能引起大学英语教材的编写者对文化自觉的重视。文化自觉是一个艰巨的过程，首先要认识自己的文化，理解接触到的多种文化。一种文化只有努力保持自身的凝聚力，同时吸收异文化的精华，才能使自身得以提升。一种文化如果缺乏凝聚力，在世界多元文化中处于一种消极保守的状态，不及时吸取异文化的优点，最终将失去发展的机会，很可能会被同化。母语文化和目的语文化之间既不是简单的认同，也不是彻底的疏离，而是辩证的统一关系。

在未来的教材编写中将母语文化和目的语文化内容分层次、系统地纳入大学英语教材，让学生接触到中外经典作品，帮助学生意识到文化自觉的重要性，确立自己的文化身份，使学生能客观地评价中西方文化的异同，帮助学生从不同的视角去认识、观察世界，从而更深刻地理解自我，学会融合母语文化和目的语文化的不同思维方式和价值观念，调整学生的民族中心主义观念，培养学生的批判性思维和解决问题的能力，继承人类的共有传统和普世价值。

第二节　大学英语教学与文化帝国主义

在大学英语教学中存在着诸多语言崇拜现象，比如英语被过分地美化，英语的地位被过分地拔高以及英语大众传媒、音像制品和书籍倍受追捧等"虚热"现象。英语崇拜现象既是英、美等国长期推行语言帝国主义的结果，也根源于以应试为特征、具有强大社会分层功能的英语考试制度。英语语言崇拜现象已经给我国高校教学和人才培养带来了诸多负面影响，一些学生把大部分时间和精力投入英语学习中去，以至于专业课成了辅助学科；一些教师和学生轻视母语和优秀传统文化，他们的思想和行为在一定程度上被资产阶级文化和价值观念所控制。大学英语教学中，应该适当降低大学英语课程的学分；改革英语考试制度，变封闭性的应试考试为开放式的语言能力测试；自觉抵制语言帝国主义的侵略，热爱母语，坚定汉语语言自信和民族文化自信。

大学英语课程是非英语专业大学生的一门必修基础课程，兼有工具性和人文性的双重性质，它在提高学生的语言交际能力、拓宽国际文化知识视野和培养文化素质等方面，发挥了重要作用，适应了改革开放以来我国经济社会迅速发展和国际交流的需要。然而，在大学英语教学过程中也不同程度地存在着语言崇拜现象。语言崇拜是指因为盲目地推崇某种语言，人们的思想和行为受到这种语言控制的状态。英语崇拜现象主要表现为英语被过分地美化，英语的地位被过分地拔高以及英语大众传媒、音像制品和书籍倍受追捧等"虚热"现象。众所周知，英语与其他语言一样，从来都不是单纯的符号，它蕴含着一定的文化和价值观念，包含着温和的符号权力，规训着学习者的思想。大学英语教学中的语言崇拜现象，已经给高校教学和人才培养带来了一些负面影响，我们必须采取积极、有效的措施加以应对。

一、大学英语教学中的语言崇拜现象

当前，由于多数发达国家以英语作为母语或者官方语言，英语似乎成了现代文明和科技发达的象征。伯奇菲尔德（Burchfield）说："如果任何一个有文化教养的人不懂英语，他就在真正意义上被剥削了，就会立刻认识到贫穷、饥饿和疾病是最悲惨的和最不能解除的剥削形式。"长期以来，尤其是改革开放以来，我们常常以落后者和学习者的心态引进和学习发达国家的先进技术和管理经验，特别重视英语的教学，以至于在大学英语教学中出现了一些英语崇拜现象。

（一）教学过程中过分美化英语

在大学英语教学中，有些教师或者是出于对自己专业的偏爱，或者是受到外国传媒的影响，在课堂上总是有意或者无意地美化英语语言。他们认为，英语是现代科学技术的载体，是信息社会的主导语言，意味着文明、开放；懂英语是一个人有学问的标志，能说一口纯正、流利的英语是身份的象征，在外文期刊上发表文章，更能彰显学术能力。在这种错误语言观的误导下，英语成了一些大学生心目中最为完美和最敬畏的东西，致使他们的思想和行为处于受控制的状态。比如，"疯狂英语"曾经风靡大学校园，一些大学生聚集在一起，不顾英语的发音规律，与台上的指挥者一起做出举手、摇头、喊叫等疯狂动作，为英语而痴狂；一些学生刻意模仿外国人的形体语言、生活方式，醉心于资产阶级文化；一些大学生爱屋及乌，羡慕以英语为母语的人，将其视为英语发音的标准和偶像，因为心存畏惧和崇拜，他们与外国人交流时难以做到不卑不亢，往往有失身份和尊严。

由于英语语言被过分地美化，一些学生崇拜英语，把大部分的时间、精力和金钱投入到英语学习中。他们轻视母语和传统文化，甚至错误地认为：汉语最难学，是一种晦涩难懂的语言；汉语是以自然经济为基础的农业社会语言；汉语与现代信息社会脱节，不利于科学技术发展以及国家交往，等等。这些错误思想误导了学习行为，在某种程度上取消了母语的生存权，产生了诸多不良后果。例如，一些学生汉语语言功底极差，以至于写毕业论文时不会遣词造句，不会用标点符号；不少毕业文论逻辑混乱，错白字连篇。海德格尔说："语言是存在的家。"意思是说，母语是人们赖以栖息的精神家园。从这个意义上说，那些因崇拜英语语言，而轻视母语学习、丢失了自我的人，是没有精神家园的流浪者。

（二）大学英语课程在高校课程体系中居于核心地位

2007 年 7 月，教育部公布《大学英语课程教学要求》，建议"大学英语课程要融入学校的学分制体系，尽量保证在本科总学分中占 10%（16 学分左右）"。乍看上去，16 学分并不算多。如果把 16 学分置于某一个专业的学分体系中加以审视，它所占的比例就非常高。大学课程体系包括通识教育课程、专业教育课程和实践课程三大板块，大学英语课程属于通识必修课。一般来说，大学课程体系的总学分为 160 学分左右。大学英语课程是 16 学分，占总学分的 9.3%，远高于通识选修课程（7.0%）、专业方向课程（3.5%）和专业选修课程（4.1%）。作为高校意识形态建设主阵地的思想政治理论课，包括马克思主义哲学基本原理概论（3 学分）、毛泽东思想与中国特色社会主义理论体系概论（5 学分）、中国近现代史纲要（2 学分）和思想道德修养与法律基础（3 学分）等四门课程，共 13 学分，占总学分的 7.6%，竟然少于大学英语课程。大学生课上学习，课下作业、练习，忙于准备各种英语过级考试，将英语学习贯穿于大学生活的始终。人们对英语的盲目崇拜，产生了令人困惑的教育异化现象：一些大学好像变成了外国语学校，每个学生似乎学的都是英语专业。

（三）在大学英语教学中，英语大众传媒、音像制品和书籍等倍受推崇

在大学英语教学中，教师普遍采用基于计算机和课堂的英语教学模式，利用当代信息技术，在计算机网络上创造出一个由英语大众传媒、音像制品、电子书籍等构成的网络语言环境，让学生接触和学习"纯正的"英语，以消除在学生中普遍存在的"哑巴英语"和"聋子英语"现象。在这个网络语言环境中，教师不再是课堂的教学中心，学生也从被动的知

识接受者变为能动的知识建构者，极大地拓展了学生的知识来源范围。

基于计算机和课堂的英语教学模式将知识性、趣味性和实用性等教学原则有机地整合在一起，符合"教师为主导、学生为主体"的教学规律，创设了一个学生置身其中，并能自主学习和个性化学习的网络语言环境，极大地提高了教学效果。但是我们也应该清醒地看到，这种推崇英语大众传媒、音像制品和书籍教学模式，使得学生在利用这些知识资源学习的时候，易受这些资源中知识权力的控制。深受大学生欢迎的《朗文当代英语大辞典》对中国台湾的解释是"Taiwan：an island off the the SE coast of China"，字面的意思是"中国东南海岸外的一个岛屿"，隐含的意思是"台湾可能不是中国领土不可分割的一部分"，这不仅伤害了我们的民族感情，而且有可能产生不良后果。

不少大学生练习听力，喜欢欣赏英语广播、电视节目。"美国之音"（VOA）广播、BBC 和 CNN 等电视节目，打着新闻"中立""客观公正"的旗号，标榜"新闻自由"，实际上经常歪曲事实，颠倒是非，到处煽风点火，唯恐天下不乱。一些大学生练习阅读时，喜欢阅读《时代》《新闻周刊》等英文杂志，但是在这些刊物的字里行间，常常渗透着浓厚的殖民主义思想。《时代》杂志在报道香港回归时，把香港歪曲成"英国的殖民地"，并且普遍使用了"revert"而不是"return"表述"回归"。根据《牛津英语大辞典》，"return"的意思是归还，即归还被他人非法占有，或者被强盗掠走的财物。"revert"的意思是"返还捐赠品"，指捐赠者捐献的财产在到了捐赠者与接受者商定的期限后，接受者把赠品返还给捐赠人的法律行为。香港回归中国只能是"return to China"，如果用"revert to China"，就掩盖了西方帝国主义列强对中华民族一个多世纪的侵略和掠夺的历史。当大学生"沉浸"于各种英语知识资源中学习时，他们的思想和价值观因受知识资源中所蕴含的知识权力的控制，而潜移默化地发生了嬗变，这种嬗变往往是不自觉的，甚至是在他们积极主动的配合下完成的。

二、英语崇拜现象原因分析

大学英语崇拜现象的成因是复杂的，既有体制和心理学的因素，也有英语语言帝国主义潜移默化的影响，是内因与外因交互作用的结果。

（一）从体制上看，具有强大社会分层功能、以应试为特征的英语考试制度是英语崇拜现象的总根源

在大学生面前，有形形色色的英语考试，如英语四、六级考试，硕士研究生招生考试中的英语统考，学位英语考试，雅思考试，托福考试，等等。在这些英语考试中，试题偏僻而古怪，即使人们耗尽了大部分的时间和精力，也难以过关。在硕士研究生招生考试中，英语的筛选功能被发挥到极致，不管考生报考的专业研究方向是否与英语有关，也不管他的专业能力、科研能力多么强，唯有通过了英语统考，才能被录取。可见，英语考试已经成了一种设立围墙的社会行为，它在最后一名被录取者和最后一名被淘汰者之间，设立了

一道无形的隔离围墙和社会边界，这边是拥有知识、财富、社会地位的成功者，那边是一无所有的失败者。因此，知道一个人通过了多少次英语考试，也就知道了他的社会地位。由于英语考试的强大社会分层功能，使得英语在一些大学生的心中成了支配他们命运的神秘力量和无形的手，英语变体为神圣知识。英语成了一些学生心中的救世主，一些大学生将英语神圣化加以崇拜，出现了英语崇拜现象，也可称之为英语拜物教。

当前，各种英语考试普遍采用闭卷考试形式，题目涵盖听力理解、选择题、完形填空、阅读理解、英汉互译、作文等题型，偏题、怪题多，生僻字词多，题量大，试卷多达十几页，即使一些大学生几乎把所有的时间和精力用在英语学习上，也难以考到60分。最令人奇怪的现象，莫过于研究生录取中的公共英语考试了，很多人拼命地学了十几年的英语，竟然只能考三四十分，并且四十多分还能过关！英语真的有这么难吗？显然，不是人们的学习能力有问题，而是以应试为特征的考试制度存在着缺陷，它是英语语言崇拜现象产生的总根源。

（二）从心理学上看，英语崇拜现象源自一种弱者对强者的仰慕心态

在鸦片战争以后的很长一段时期内，中国积贫积弱，一些人持有弱者心态，缺乏民族语言和文化自信，甚至一些革命者也误将汉字作为国家落后的一个重要原因，因此在"新文化运动"中，一些学者提出了"汉字不灭，国家必亡"的错误主张。1918年，著名文学家钱玄同发表了题为"中国今后之文字问题"的文章，主张"废孔学""废汉字"。瞿秋白也力主废除汉字，他提出："现代普通话的新中国文化必须罗马化。罗马化或者拉丁化，就是改用罗马字母的意思，这是要根本废除汉字。"新中国成立后，国家进行了汉字改革，在简化汉字、推广普通话、推行拼音方案等方面，成效显著。在当时，汉字走拉丁化、拼音化道路成为一种主流声音。20世纪80年代初期，汉字再次面临挑战，一些人认为汉字不能在电脑上输入，甚至断言："电子计算机是方块汉字的掘墓人，也是汉语拼音文字的助产士。"改革开放以后，面对西方发达国家的科技成就，一些人将自己定位为学习者和落后者的角色，盲目崇拜西方的语言、文化、科技成就等。

（三）英语崇拜现象是英美等国长期推行语言帝国主义的结果

英语从1600年的一个小语言，发展成为当今用于国际交流的领导语言，经历了至少4个世纪。英语的显著发展是在17—19世纪，是英国成功地征服、殖民化和贸易的最终结果。美国在"二战"后崛起为世界军事强国和科技领导者之后，英语实现了加速发展。在此过程中，一些帝国主义"御用"语言学家编造了诸多虚假谎言，积极鼓吹英语的所谓"强大功能"：一个人学会了英语，就等于走上了一条通向现代化、民主、自由和科学技术的康庄大道；一个国家若使用英语，就能实现民族团结、增强国家之间的相互了解；英语是世界性的语言、广泛的交际语言、通向世界的窗口、连接性语言，等等。一些发展中国家在取得民族独立以后，希望通过重视英语语言教学，引进和学习西方现代科学技术，建设一个独立、富强、现代化的国家。由于过分地崇拜英语的功能和作用，他们常常在赶跑了

带枪的帝国主义者之后,又被语言帝国主义所侵略、控制。费舍曼(Fishman)说:"今天在第三世界国家中,英语与意识形态相对无关的问题,需要进一步讨论;西方化、现代化、国际青年文化的传播、流行的技术和消费主义都有意识形态的危害性,它们都产生了意识形态的、行为的和经济、技术的后果。"大学英语教学中的一些英语崇拜现象,表明语言帝国主义已经将触角伸展到我国的高校,对一些师生的思想和行为产生了负面影响。

三、消除英语崇拜现象的对策和建议

高校中英语语言崇拜现象存在着进一步泛滥的趋势,已经对专业课教学、大学生思想政治教育产生了诸多负面影响,必须采取一些积极有效的措施消除这种教学异化现象。

(一)适当降低大学英语课程在总学分中的比例

在高校课程体系的学分构成中,大学英语课程已经喧宾夺主,干扰了专业教学,影响了思想政治教育工作。为此,部分研究型大学已经大幅缩减了大学英语课程的学分,一些地方本科院校也陆续跟进,掀起了一股缩减英语学分的热潮。

根据《大学英语课程教学要求》提出的培养目标,我们建议将大学英语课程从 16 学分降至 3 学分,占总学分的 1.7%;总学时为 48 学时,理论学时是 32 学时,占 2 学分,实践学时是 16 学时,占 1 学分。在大学英语教学中,通过理论与实践相结合的教学模式,着重培养学生的听说能力、综合应用能力和自主学习能力等"潜能"。这种潜能只有被实践需要所激发,才能转化为现实。恩格斯说:"社会一旦有技术上的需要,这种需要就会比十所大学更能把科学推向前进。"一旦学生踏入社会,如果从事的工作迫切需要英语作为工具,他的英语潜能就会转化为极高的语言应用能力。如果一个人的工作性质与英语无关,即使大学英语考试成绩优异,也会随着时间的流逝,逐渐生疏,乃至忘光。

(二)改革英语考试制度,变封闭性的应试考试为开放式的语言能力测试

随着英语逐渐淡出高考的舞台,各种应试性的英语考试也将退出大学校园,开放性的英语语言能力测试必将成为占主导性的学业评价方式。语言的生成规律是先会说话,然后才是认读和作文。英语语言能力测试应该主要测试大学生的语言交际能力、认读能力和写作能力。教师对语言交际能力的测试应该是过程性的和形成性的,要融汇在大学英语教学过程的始终,不能单凭期末试卷中的几道听力试题,就做出终结性评价。

在教学中,尤其是在实践课程中,教师要鼓励学生开口说话,分组交流,也可以采取唱英语歌曲、表演小话剧和演微电影等丰富多彩的形式。开始时,一些学生可能会因为害羞、心理紧张,而出现词不达意、语法错误、逻辑混乱等现象,教师要及时地纠正并加以鼓励。熟能生巧,人的语言交际能力都有一个从生到熟的过程,一句话、一个习惯用语,反复说过几次,就熟练了。教师在课堂上,语言要幽默生动,态度要和蔼可亲,课后要详细记录每个学生的表现、参与程度、存在的问题以及取得的进步等,学期结束时给出平时成绩,占总成绩的40%。我们建议:大学英语课程期末考试采取开卷的方式,考试时间为

120 分钟，占总成绩的 60%；题型为主观题，包括英译汉、汉译英和作文等，题目要难易适度，拒绝偏题和怪题，旨在考查学生的认读能力和写作能力；考试期间允许学生查阅字典、词典，也可以参考相关资料，但是不准交头接耳说话、相互抄袭。

（三）热爱母语，坚定汉语语言自信和民族文化自信

改革开放以来，随着中国迅速地发展成为一个强大的社会主义国家，全国各族人民增强了民族自豪感，也坚定了对民族语言和文化的自信心。客观地说，汉语语言相对于拼音文字有其独特的魅力，它讲究对称与节奏，语言舒缓徐疾、收放自如，如同音乐节奏，富有诗意，蕴含着摄人心魄的韵律美；它是一种视觉语言，将音、形、义融为一体，将使用功能和审美功能完美地结合起来，如同图画一样，能激发人的想象力，给人以美的享受。法国哲学家亨利·列斐伏尔非常喜爱汉语语言，对它赞不绝口，他说："当我观察'田'这个汉字的时候，如果我尝试解译我所看到的，我就会说它是一块稻田的鸟瞰图。稻田之间的边界线不是石墙或者带刺的铁丝篱笆，而是与稻田连为一体的沟渠。当我思考这个字符、这块稻田的时候，我似乎变成了一只翱翔在稻田的正上空、在最佳位置俯视稻田的鸟儿。"

语言是文化的载体，汉语语言相对于拼音文字的独特魅力，还在于它承载着中华民族五千年的灿烂文化。党的十八大报告指出："文化是民族的血脉，是人民的精神家园。"如果说我们的物质家园坐落在故乡，那么精神家园就存在于汉语语言中。我们只有热爱母语，坚定民族语言和文化自信心，才能正确地对待包括英语在内的各种外国语言，才能从中华优秀传统文化中汲取智慧和力量，给心灵一个栖息之所，即"充满劳绩，但人诗意地，栖居在这片大地上"。

第三节　英语学科中的文化自觉与自决

文化自觉与自决是英语学科建设的敏感点，把握好文化自觉与自决永远是英语学科建设的责任和要务。在全球化背景下，我国英语学科建设必须抛弃文化上的学徒心态，在借鉴域外文化的进程中捍卫自身的文化版图，以此构建学科的立足之所，并在文化交流与转换的"二度符号化"过程中创新文化观念，同时注重学科目标的终极关怀，让英语学科脱离唯工具论的窠臼，重新回到其基本任务和使命上来：在语言习得的基础上对域外、域内文化进行编码解码，最终实现跨文化交流。这也是英语人必须秉持的文化意识和文化立场。

这几年，有两件事于笔者看来折射了国人在文化上的学徒心态。一是达·芬奇家具事件；二是在某个电视音乐节目中，有人把西方的美声与歌剧归为高雅音乐，但居然把有着辉煌历史的中国传统与民间音乐排除在外。此二事不禁让我们意识到，中国目前的综合国力虽然已经达到了刘康先生所说的"如今风水轮转，东土朝圣取代西天取经，看来已成定局"的地步，但是国人的学徒心态似乎没有改变，崇洋媚外之风依然盛行。

美国的例子可以让我们感叹！1776年独立，经过几十年的建设，美国经济高速发展，世界地位迅速提高，美国人在欧洲大量留学并向欧洲学习，发展景象颇似如今的中国。但那时美国的文化最好的时候也不过是欧洲文化的亚文化，根本就没有自己的文化。无论是文学还是思想或是其他，美国都无法称自己是一个有着自己文化的国家。19世纪中叶，情况发生了变化。爱默生发表了那篇著名演说《美国学者》，吹响了文化独立的号角，堪称美国文化独立与自觉的宣言。实际上，在美国成立以后不长的时间里，就有一批学者意识到文化独立的重要性，文化独立的愿望空前强烈。结果在美国人民的努力下，大约从19世纪起美国逐渐出现了文化繁荣的景象。文学上有梅尔维尔、库珀、惠特曼、马克·吐温等影响世界文坛的巨匠；哲学上有爱默生、杜威、梭罗等享誉世界的哲学大师；语言学上韦伯斯特大词典令美国英语耳目一新；历史学上则尤以特纳及其边疆理论而著称于世……这些学者不仅在自己的领域成就非凡，更重要的是他们为美国的文化独立做出了卓越的贡献。美国的文化经验告诉我们：一个国家若要成为真正的强国，不仅政治、军事和经济要强大，文化更要独立自觉；真正的国家强大与文化的独立和自觉有着密不可分的联系。反观当今的中国，坐拥几千年的文化资源，却还要亦步亦趋地在思想理论上跟随西方，不禁让人掩卷长叹。如今，我国英语学科面临着前所未有的危机，笔者认为，这在较大程度上是由文化不能自觉和学徒心态导致的。这里，不妨提出来讨论，以作抛砖引玉之用。

一、英语学科：危机与文化自觉

（一）论文中的写作立场

纵观这几年我国英语学科研究生毕业论文（遑论本科生了）的写作立场，感觉到这些论文在文化方面存在一些问题：①丧失了自身的文化立场；②没有文化上的自我身份识别；③缺乏文化上的自我意识；④学习外国文化的目的不甚明确，缺少终极关怀。诚如恩格斯所说，一个民族如果要站在科学的巅峰，就必须有理论思考。作为研究国外文化学科的研究生，当然需要较高的理论素养，并且应该了解异族的思想，汲取其文化的精华。这一点毋庸置疑。但现在很多研究生在写作时，几乎没有自己母国的文化立场，完全把自己的意识思维纳入了西方的话语体系之中，从而消解了自己文化的话语体系，即便是在遇到自身的问题时，如研究国内英语教学问题，也往往倾向于在西方理论的话语体系中思考或寻求解决的办法。殊不知，中国是学习英语的人口最多的国家，在英语教学上有着自己的特殊性，并有很多的数据和语料。对这些，反而应该是西方学者针对我们的情况进行研究，向我们学习。但遗憾的是，我们并没有把自己的语料和数据当作产生和发展理论的养料，而更多的只是在西方理论中寻求解释和办法。同样在研究西方的文学文化理论方面，论文的讨论也缺乏与自己的文化经验相比较，缺少可以从别人理论中得到有益于自己的文化建设的启示。很多论文只是用西方的理论解释了西方的作品而不知道这样的写作对自己文化的意义，从而丧失了母国的文化立场和自身的文化身份，最终麻痹了自己的文化意识。

（二）文化教学与研究的单向度

自 20 世纪 80 年代以来，在我国的英语学科中，目标国家文化的课程设置似乎并没有正式地列为一个必修的模块，其中跨文化交际或者跨文化交流的教学和研究始终处于可有可无的状态。一方面这可能是因为对文化的定义莫衷一是，过于宽泛；另一方面也可能是中国的综合国力尚未达到一定的程度，国人针对西方文化的学习与交流尚未走出学徒心态。当然不可否认的是，英语学界在跨文化交际的引入和研究方面做了大量的工作。也正因为如此，才使跨文化交际在英语教学的过程中一直存在，只不过这种存在作为理念还处于忽明忽暗的境地。换句话说，文化交流还没有得到应有的重视。由于受到学科特点抑或是学科特点所形成的心态所限，文化交际教学的定义、概念和范围都在很大程度上比较单一，文化交际的理解和教学内容都局限在语言这个向度上，从而形成了单向度的教学模式。虽然文化交际大都强调语言和非语言这两个层面，但是在非语言这个层面的文化交际依然强调的是非语言的符号功能和信息传递功能，而从符号学的角度和功能语言学的角度来说，非语言层面的跨文化交际仍然属于语言的向度。因此，在英语教学中模式单一性便成为文化交际这门课程的最大特点之一。

文化交际的语言单向度问题，究其根源，主要是对文化的知识创造即对文化的研究过分单一和狭窄，从而导致了文化交际只注重语言符号的向度研究，而不甚强调内涵思想的抽象转移。在文化交际的研究中，研究的范围和视野针对的重点是文化背景下语言和符号所产生的信息交流和人与人之间的交流技巧和交际技术。前者重在研究语义所产生的信息交换，后者重在研究符号所产生的信息交换。在文化交际的实践中，教学突出了语言和非语言交际的内容，人际交往也重在应用这些语言和非语言的技巧。这种单向度的研究、教学以及实践应用导致了研究范围过分狭窄、教学内容过分单调的局面。虽然在这二三十年的历程里，对文化交际的研究取得了长足的进展。但是，在文化交际和交流的实践中，文化交际和交流并不仅仅局限于语言学这个向度上，也广泛应用于外贸、对外交流，甚至是跨国企业等行业，如外贸活动中的谈判、对外交流中的礼仪、跨国企业中不同文化背景和民族身份之间的人际交往都或多或少地应用了跨文化交际的知识。同时文化交际与交流的内容也不仅仅局限于语言与非语言的交换维度，而是包含着政治、经济、哲学等领域。足见跨文化交际不仅是一门由语言文化产生的课程，也是一门应用广泛的实用学科。但我们从英语教学的课程设置和科学研究很少看见上述领域的元素，这导致我们的视野越来越封闭，研究的范围越来越狭窄，教学目标越来越缺乏思想与灵魂。

（三）英语学科的工具性

目前在中国，英语学科已经被普遍认为不是一个思想学科甚至不是一门学科，其作为一个学科的名头已经被很多人遗忘，更多的人则把英语看作一门工具。其中的原因有很多，但主要原因有两个，即社会的外在因素和英语学科自身的内在因素。

就外在因素而言，在我国现实社会，英语被看作是获取毕业证书、职称证书、出国留学资格、就业资质等的一种工具，于是考试、应试就成了教学中一个较为突出的主题，而在这个国家的英语市场中则形成了一个培训、出版和考试的巨大产业链，刺激着英语学科不断地凸显其工具性。在英语学科内部，也有很大一部分人不自觉地强调了英语学科的工具性，"把语言技能的培养作为公共外语教育的目的"，因此在英语市场的喧嚣中不少英语教师逐渐脱离了英语学科的思想本位、哲学本位和文化本位，形成了英语教师针对这些本位的集体失语，导致英语学科本身也迷失了自我，沦为工具性学科。设置英语学科是国家语言政策的重要组成部分，其目的很明显，就是要针对世界上最先进的英语国家文化进行研究、了解和学习，以便能够适时借鉴、为我所用。而英语学科没有承担思想传递的功能，背离了思想文化内涵的本位，不能不说是英语学科的一种悲哀。不仅如此，英语学科这种重工具性、轻人文性，重外在、轻内涵，重物性、轻人性，重理性、轻知性的现象，还会导致思想价值和理想目标的缺失，导致创新精神的不足。所以，在我国大陆，"思想的产生往往在中文、历史、哲学等学科，而不是最早和最接近外部世界的外语学科，这与台湾形成了鲜明对比，是一种很不正常的现象，对一个国家的思想建设来说是很不利的"。实际上，英语学科兼具工具性和人文性的特征。如果过分强调英语学科的工具性、实用性和功利性，那么其人文性、思想性和文化性就会逐渐被边缘化甚至消亡。如果英语学科丧失了思想文化交流和传播的功能，那么文化的自觉和自决就会成为一种奢谈。

（四）外语院系设置的学徒心态

清末以来，外语学院或者外语系的设置在中国的大部分大学里似乎变成了天经地义的事情。这样设置的一个重要原因是为了方便向西方学习（包括苏联）。实际上，中国的外语学科的设置可以追溯到清华学堂的外语专修科。那时的中国，国门洞开，国人眼中看到的只是西方的坚船利炮、先进的科技、优雅的文明，于是痛恨自己国力的柔弱、文化的落后，认为"有西方的根本节化，才产生西洋火炮、铁甲、声、光、化、电这些东西……"于是，国家的教育政策就把外语作为提高国民素质的重要学科而加以设立。自此，西学东渐，国人的学徒心态陡然产生。

一百多年来，中国发生了两次大规模的对外开放，一次是在清末，另一次在20世纪80年代。比较这两次的对外开放，虽然动机不同，历史条件也不一样，但至少有一点是相同的，即对本土文化的失落感造成了对西方的文明羡慕。第一次开放似乎还不是那么臣服西方的文化，因此中国文化的传统也部分地得以保留。但第二次开放则随着西方思潮的大量涌入，我们许多人逐渐放弃了对中国传统文化的理解和尊重，甚至导致了对域外文化的盲目崇拜。不可否认的是，在学习外来文化和寻求救国之路的过程中，我们往往不自觉地把自己投入到别人的话语环境当中，慢慢地忘却了自己的文化根底，最终过分地依附于人而失去了文化的自觉。这是我们在文化上的最大的损失，而这种损失无不与我们的教育，尤其是外国文化专业的教育与培养有着密切的关联。

放眼全世界的大学，尤其是西方的大学，其很少有"外语学院"的名头，也没有类似的教学机构设置，更多的是以语言文化学院或者语言学系为名称。外语学院之所以大量出现在中国的大学里，主要还是因为我们存在学徒心态，总想通过大规模的外语学习来迅速帮助我们掌握西方发达国家的先进科技和文化经验。也正是出于这样的心态，我国不少高校外语院系在本科层面就基本忽视汉语课程或者中国文化类课程的建设，只有为数极少的还在本科一、二年级开设现代汉语课，在三、四年级开设古代汉语课，而到了研究生这个层次，这类课程就几乎绝迹了。英语学科设置上文化身份的缺失、英语教学中自身文化的淡忘以及心理惯性中学徒心态的存在，很难让英语学科具备文化的自觉，也更谈不上文化的自决了。

二、英语学科：建设与文化自觉

（一）走出学徒心态

纵观目前的国际形势，我国的综合国力已有了很大提升，汉语逐步走向世界，西方发达国家也开始学习我国的语言文化和经济。我国外交学院张唯如教授在其著作《中国震撼》中认为："中国今天的崛起不是一个普通国家的崛起，而是一个五千年连绵不断的伟大文明的复兴，是一个'文明型国家'的崛起。这种'文明型国家'崛起的深度、广度和力度都是人类历史上前所未见的。"张教授还认为，中国这样的文明型国家有"四超"和"四特"：超大型的人口规模、超广阔的疆域国土、超悠久的历史传统、超深厚的文化积淀，以及独特的语言、独特的政治、独特的社会和独特的经济。因此，作为中国人，我们已经有充分的理由和积淀去摆脱文化上的"学徒心态"，如同爱默生在19世纪所说的那样（胡适也曾说过类似的话）。如果在这样的背景下，我们还建立不起文化的自我意识，那英语学科的存在最终真的只会是传播他人文化的工具，是拾人牙慧和亦步亦趋的附庸学科。因此，走出学徒心态既是英语学科发展的必然，也是英语学科自我"拯救"的重要前提。而我们自身深厚的文化积淀就是我们英语学科文化自觉与自决的根基，是走出学徒心态的强大基础。

（二）捍卫文化版图

当今世界，全球化的潮流已不可逆转。在这个过程中，文化的交流已经成为一个不可回避的问题。在此背景下，如何借鉴域外文化并同时捍卫自身文化，是英语学科不得不考虑的问题。正如学者们所言，全球化不是简单的"通用"，更不是同化，而是应更有自己的个性、特色（国家、地区）；只有固守住民族的文化版图，才能使自己的民族真正屹立于世界民族之林。因此，英语学科的任务除了引进先进的文化理念，还应该在借鉴的同时捍卫自身的文化版图。

但是在跨文化传播中，现存的国际文化传播秩序是一种不平等的秩序。一些国家因为实际支配着更多的资源，处于更有利的位置，传播的不对等是显而易见而又司空见惯的现象。"这种不对等表现在许多方面，如强势文化与弱势文化相比，大多表现为人的'贸易顺差'，即前者流向后者的量远远超过后者流向前者的量。而强势文化在流向弱势文化的同时，也把强势文化的价值观带入了弱势文化。如果弱势文化缺乏主体性，缺乏对本族文化的固守意识，长此以往，就只会用别人的眼光去观察物，从而成为新的被殖民国家、被殖民民族。"因此英语学科必须意识到，全球化不等于同一化，虽然整个地球村"都被纳入新的传播系统"，但中国的英语学科必须努力保持或加强自身的文化、种族、国家或政治个性。捍卫文化版图不仅是英语学科的基本责任，也是英语学科的立足之所。

（三）创新于文化的"二度符号化"与阐释学

英语学科的文化创新何以可能？我们认为机会就在于文化交流和转换过程中的"二度符号化"。所谓的"二度符号化"是指，在同一语言系统下符号传播的过程是一个自码、解码的系统，即从意义到符号再从符号到意义的二次转换。对文化而言，如果甲、乙双方分处不同的语言文化体系，文化转换便站在甲乙之间，扮演着两个不同的身份。文化的转换先和甲在同一语言环境中共同完成一次文化符号化过程，紧接着又和乙在另一个语言环境中合作完成又一次符号化过程，我们把文化转换所进行的两次符号化过程称为文化"二度符号化"。英语学科的基本任务和使命就是在英语语言习得的基础上进行跨文化交流，也就是对域外文化进行文化编码和解码。这个过程自然会产生中国视觉中的文化阐释学。简单地说就是引进域外文化、推介自身文化。在这种引入和推介的过程中使域外和自身文化"二度符号化"，本质上就是文化的翻译或者转换。

在文化转换的"二度符号化"过程中，具有自身特色的文化阐释学必定会出现。首先，各个民族的文化经验都是独特的，保持着历史传统的基本"自我"。这里所谓的"自我"，不仅包括生活方式的独特性，更是"属于主体个我的精神世界"。我们可以把这种"自我"看作是一种"先验自我"或者一种独特的民族文化基因。其次，独特文化基因所导致的文化事件必然与另外一个民族文化的事件不同，而后天的社会生活实践的亲身经历形成了"经验自我"。因此，"一方水土养一方人"的社会经历就自然定义了一个民族文化的后天基因。由此基因所导致的社会事件同样具有其独特的气质。对这种各种文化基因构成的先验自我与经验自我进行理解和解释（阐释学），便成为外语学科的任务与使命。而以英语语言为基础的"二度符号化"文化转换和以中华文明为背景的文化阐释学，必将是英语学科赖以生存的学术根基，同时也是其创新的机遇和平台。

（四）重视英语学科的终极关怀

大多数的终极关怀都被认为来自宗教或信仰。比如，张岱年先生认为终极关怀就是返归本原，而托克维尔则认为"人要是没有信仰（终极关怀），就必然受人奴役"。如果纯粹从信仰角度来衡量，我们的英语学科真的缺乏终极关怀。一方面，我们大部分人并不知道英语学科的本原是什么，它为何而来，要去哪里；另一方面，我们这些人也不去考虑英语学科是否还有信仰，它最终要为国家、为民族、为社会做些什么。

当今世界，国与国之间的关系依然受到利益的制约，但文化关系的紧张与敌对也是导致国与国之间误解或冲突的重大原因之一。"不同的国家间、组织间和人际的'文化关系'，使得有些国家之间虽然经济利益竞争激烈却毫无军事冲突的可能，也使得一些国家虽然地理上相距甚远，直接利益关系也极为疏离，却彼此地远程导弹日夜相互瞄准。"国家间文化关系的好坏与文化理解、宽容、尊重的质量呈正相关，而此质量的高低无不与各国外语学科的人才培养有着密切的关系。因此，我们的外语教育导向应是从跨文化的角度去理解、尊重域外文化，并使学生具有多元文化的宽容意识。从这个意义上讲，外语教师和外语工作者的身份就有必要加以重新定义，即我们是人类团结与世界和平的促进者，是一支不可或缺的维和力量！但这个的前提就是外语学科一定要具备自身的终极关怀，外语教师一定要具备终极关怀的意识和理念。在此，我们不妨重新来强调一下英语学科的终极关怀：引进和介绍英语国家先进文化，同时发现和理解其文化的不足；以他者的视觉来挖掘和整理自身文化，创造和引领文化新观念；建设、完善并推介自身的文化；发现和探索人类的永恒价值，促进人类的和平与团结。事实上，只有具备这样的意识，只有把学科与人类的命运紧密联系起来，我们的学科才有价值，我们的目标才会变得高尚，我们的身份才会具备高贵的气质，我们的尊严才会得到国际社会的认可。

文化自觉与自决是英语学科建设的敏感点，如何在学科建设中把握文化自觉与自决永远是英语学科的使命、责任和义务。倘若无法把握这个敏感点，英语人就不会有自己的文化立场；倘若没有学科的终极关怀意识和理念，英语学科就难免会沦为工具性的学科；倘若走不出学徒心态，英语学科的教学与科研就只能亦步亦趋，而无法抓住"二度符号化"和阐释学过程中的创新机遇。倘若果真如此，那么英语学科也就毁于一旦，"达·芬奇"式的崇洋剧也将永不停息。

第四节 英语教学中母语文化自觉和自信

语言具有社会文化属性。学生在学习英语语言和西方文化的同时，母语和母语文化认同会受到冲击。国内的语文化教学对中国大学生的文化价值观产生了很大的影响。为了增强大学生对本族文化的自觉和自信，英语教师有义务主动肩负起正确引导学生文化价值观的重任。教师不仅可以通过多种途径在课堂教学中渗透优秀本土文化，还可以通过在考试中增补相关内容和第二课堂活动的主题设计等唤起大学生的重视。

语言是思想上层建筑的重要组成部分，它具有社会文化属性，承载着特定的文化内涵，并存在一定程度的阶级属性和意识形态属性。学习某种语言时，学习者不可避免地会接触、了解它所包含的文化意义和价值意义，并在一定程度上受其影响，重塑自身的文化价值观念。大学英语作为我国本科教育中学分比重最大、持续周期最长的人文社会科学课程，对大学生文化价值观的影响不可小视。学生在学习英语语言和西方文化的同时，母语和母语文化认同会受到很大冲击，这是一个值得引起重视的问题。

大学生对英语学习的重要性有着广泛认同。因为英语学习成绩影响着学生的毕业、考研、就业和出国深造等未来各方面的生活，很多学生对英语学习投注了大量的精力。同时，英语教师大力鼓励他们全方位地接触目的语文化以提升语言水平。他们不仅广泛阅读各种英语学习书籍，而且大量接触英语影、视、歌曲以及各种网络交流形式，因为他们深知，只有更深入地沉浸在英语的文化环境中才能更好地学习这门语言。

同时，回顾20多年来我们使用的英语教材，绝大多数教材编写者都倡导"原汁原味"的英语，课文的选材基本来自母语为英语的作者，反映的也大多是西方的文明、生活和价值观，而涉及中国文化内容的课文极少。众多的学者对从中学到大学的英语教材的文化内容构成进行了研究。研究者们认为目前通行的教材普遍缺乏中国文化元素，中西方文化在教材中的体现严重失衡。可是，这就涉及一个很重要的问题：在大学这个人生观、价值观和世界观塑造的关键时期，一方面是西方文化大量地输入，另一方面又缺少母语文化营养的系统补充，很可能导致大学生对母语文化认同淡漠，甚至产生怀疑。

一、对中国大学生文化价值观的相关调查

近些年来，国内陆续有学者就大学生的文化认同问题做了调查研究。高一虹、程英、赵媛等人对2278名本科生所做的调查及李淑静、高一虹和钱岷等人对1017名研究生的调查结果表明，被调查者的生产和附加型双语变化很明显。而刘璐、高一虹、周燕对中国大学生自我认同的跟踪调查结果表明，英语学习者的自我认同呈现明显的削减型双语变化（母语及母语文化被目的语及目的语文化替代）。任育新的调查显示，中国英语学习者具有双重文化身份，英语水平与对目的语文化身份的认同呈正相关。任小华的调查表明，英语学习年限与学习者对目的语文化的认同呈正相关，即随着学习年限增加，学生对母语的认同降低，却对目标语文化的认同增加。

为了对大学生的文化价值观现状获得一手资料，笔者在2013年3—4月间对本校316位二年级大学生做了调查。剔除无效问卷20份，有效问卷共296份。其中女生199位，男生97位。因为我校为财经院校，被调查学生的专业主要集中财经类各专业。由于学界对文化价值观所包含的内容和维度并没有权威界定和统一认识，本次调查所使用的问卷为自编问卷，分别在节日（Q1）、饮食（Q2-3）、娱乐（Q4-6）、审美（Q7-8）、婚恋（Q9）、家庭（Q10-11）、社交（Q12-14）、生病就医（Q15）、集体主义和个人主义（Q16）等比较维度对学生的文化选择进行了考察。

结果表明，在文化价值观的不同侧面，学生的倾向性错综复杂。在节日的偏好上，"洋节"虽然对大学生有着一定的影响，但传统节日在大学生心目中仍然占据着重要而牢固的地位；对于娱乐文化，他们的选择总体倾向于西方（大学生对英美影视剧的总体偏好已经略高于国内同类娱乐节目。在对戏剧、乐器等艺术形式的偏好方面，已然出现西风压倒东风的局面）；饮食和审美方面，学生的偏好依据考察角度的不同各有侧重（相对于中式快餐，大学生对西式快餐更加青睐。但是大多数学生认为传统的中餐更适合宴请朋友和家人

团聚。相比中国传统的亭台阁榭的建筑风格，学生更喜欢西式的草坪花园别墅。而在绘画艺术方面，相比西方油画，学生更欣赏中国传统绘画）；家庭价值观方面，大学生一方面有孝顺赡养老人的传统价值观，另一方面对自己老年生活的构想很大程度上受到西方社会形态的影响（在自己的养老问题上，更多的学生选择独居或住养老院而不是与子女住在一起）；社交行为方面，西方的社交礼仪对大学生已经有着相当大的影响（在面对赞美和路遇熟人时，学生的中西方社交行为选择几乎平分秋色）；中医虽然博大精深，但大多数学生在心理信赖及行为选择上，还是更倾向于西医（选择西医的占76.5%）；在集体主义和个人主义这一中西方文化差异的重要指标上，虽然集体主义仍占优势，但个人主义的选择比例绝不可小视（将近40%）。可见，西方文化确实对大学生生活的各个层面产生了相当重要的影响。

二、英语教师在加强大学生文化自觉和自信方面的责任

胡锦涛同志曾在耶鲁大学演讲中指出："一个民族的文化，往往凝聚着这个民族对世界和生命的历史认知和现实感受，也往往积淀着这个民族最深层的精神追求和行为准则。是民族赖以生存的支柱和灵魂。"很难想象一个缺乏民族精神和自信的国家能够长久地屹立于世界民族之林。培养青年学生对中华优秀传统文化的自觉和自信，让他们在横向的文化开拓与纵向的文明传承中分辨是非、把握方向、明确目标，不仅仅是高校大学生思想政治教育工作者的时代课题，也是全体高校教师的重要责任。正如中共中央国务院在《关于进一步加强和改进大学生思想政治教育的意见》中所指出的，"高等学校各门课程都具有育人功能，所有教师都负有育人职责"。英语教师作为学生与异域文化之间的桥梁，尤其要认识到并承担起自己肩上的重任。大学英语的教学内容非常丰富，课文涉及文、史、哲各方面的知识，外语教师完全可以深入发掘其思想政治教育资源，并通过各种渠道积极传播中华优秀传统文化，使学生在学习英语过程中，自觉加强思想道德修养，提高自身的本土文化素质，加强文化自觉和自信，成为未来祖国建设的中坚力量。

正确引导学生的文化价值观，首先要求教师端正自身的价值观，提升母语文化素养。作为教学中坚力量的30~50岁年龄段的英语教师，求学期间正是目的语文化教学在我国大行其道的时期。而这个时期，国内学界对于优秀本土文化在英语教学中的渗透呼声甚弱，几乎没有引起任何重视。在他们当年所受的教育中，没有中国文化类的英语选修课，更没有必修课。由于自身多年受到目的语文化教学的影响，很多英语教师本身就具有亲目的语文化价值观的倾向，因此在教学中也可能会有意无意地流露出来。作为中国人，英语教师应该具有母语文化意识，在教授英语的同时主动思考自己在"育人"方面的双重责任。而他们的母语文化素养及认识将直接影响所培养的学生的文化素养结构、质量和内涵。因此，英语教师应该有意识地加强自己的本土文化修养，培养扎实过硬的汉语语言基本功，充实文学、历史、哲学、宗教乃至音乐、绘画等各方面的中外人文知识。

英语教师应该明确，目的语文化在课堂中的导入，是为了让学生更好地了解一门语言以及操这种语言的人们的思想及生活，更顺畅地理解不同文化之间的差异，站在一个新的角度和位置来更深刻地理解本民族文化，从而建构起更完善、更全面的价值观和世界观。绝不能不分良莠一味追求西方文化的价值观，甚至继承别人的行为规范和思维方式，认为西方文化优越于我们的本族文化。漠视母语文化对塑造人才、完善人性之不可替代的重要意义，对民族、国家的复兴和发展是非常危险的。因此，英语教师应该时时注意自己的言行态度，明确自己的中国人身份，绝不能成为西方文化的代言人，并提醒学生端正其学习英语的目的和出发点，对学生的思想和言行应该持有警觉的态度，不能放任自流，而应以引导者的身份启发学生做理性的分析和思考，得出客观的结论。

三、在大学英语教学中培养学生文化自觉和自信的途径

要在外语教学中传播中华优秀传统文化，培养学生的文化自觉和自信，首先应该让学生学会一些中国优秀传统及当代文化的表达方法。通用的大学英语教材中很少有这方面的内容，对于中国文化中的精髓，学生不知道如何用英语表达，就谈不上作为文化使者在中外交往中传播中华文化。英语教师应努力让学生在语言中学习文化，在文化中学习语言，使他们能够用所学的英语知识比较地道地表述中外文化思想的相关内容，并做出恰当的评价，让学生在提高思辨能力的同时，体会到中国文化精髓的优秀之处。

那么如何在英语教学和学习中合理地渗透中华优秀传统文化呢？教师在讲解单词时，可以有意识地选择一些能够反映中国文化精髓的句子作为例句，既帮助学生学习了英语单词，又以很自然的方式使学生与中华优秀传统文化近距离接触。例如在讲解 impose 这个词语的时候，教师不妨利用《论语》中的"己所不欲勿施于人"（Do not impose on others what you do not desire yourself）作为例句。再如，在讲解 tread 一词时，教师可以提及 2010 年 5 月美国国务卿希拉里在第二轮中美战略与经济对话开幕式中，引用中国成语"殊途同归"（treading different paths that lead to the same destination）来形容有着千年古老文明的中国和历史年轻的美国只要共同面对机会和挑战，最终会达到一样的目标。这种引介自然而没有强加性，没有把英语课上成中国文化课或者思想政治教育课的嫌疑，但例句中所蕴含的人文与道德内容却可以自然而然、悄无声息地陶冶学生的人格，唤起学生对传统文化的兴趣和重视，达到"随风潜入夜，润物细无声"的效果。

教师在组织课堂活动如小组讨论、小辩论时，可以在合适的时候引导学生在活动中思考并讨论中国传统文化中的相关元素。在学生能力不足的情况下，教师应指导性地加以补充。例如，《新标准大学英语》第一册第五单元的主题是"Love"，在预习活动中，笔者请学生以小组为单位对不同的爱加以讨论。笔者注意到，学生谈到了父母对子女的爱，恋人之间的爱，师生、同学之间的爱，人和宠物之间的爱等等。在教师总结时，笔者向学生补充了中国古代哲学中的"爱"，如儒家的"仁爱"思想："仁者爱人"；墨家的"兼爱天

下"的思想:"若使天下兼相爱,爱人若爱其身,犹有不孝者乎? ……故天下兼相爱则治,交相恶则乱";还有道家思想中的"慈爱":"吾有三宝,持而保之,一曰慈,二曰俭,三曰不敢为天下先"。在介绍这些思想的时候,教师同时讲解了对一些经典句子的英文翻译。当然,在师生双方能力许可的情况下,直接用英语讲述不失为一种好的选择。由于课堂时间有限,这类补充不一定必须多么系统或者深刻,但即便是只言片语地提及也能让学生在深化英语学习的同时,体会中华传统文化的博大精深,丰富英语学习的内涵,强化其民族意识,提升学生的文化自觉和文化自信。

在考试中增加中国文化元素不失为一种新的尝试。传统的四、六级考试及研究生英语考试,或者各高校自己命题的期末大学英语考试,很难见到中国文化的踪影。考试既是学习的检验手段,同时也是学习的方向标。如果在考试中能够适当增加对此类内容的涉及,无疑会提高学习者的重视。当然,测试的方式需要慎重考虑,应注意避免将对语言水平的测试变成对文化内容的测试。在阅读理解中增加相关的篇章是比较好的选择,既可以测试学生的阅读理解能力,同时又在客观上使他们接触相关内容,从而在潜移默化中增加对中国传统文化的了解和重视。

由英语教学发展而来的第二课堂活动是对英语课堂的补充、延伸和发展,是拓展学生视野、激发学习兴趣、培养能力、提高其综合素质的有效途径。在第二课堂的内容与主题设计上,如果能适当注入中国文化元素,将有效地提升学生对优秀母语文化的兴趣、关注和重视。例如,在英语知识竞赛的内容设计上,可以给出英文释义,看谁能最快地找出对应的汉语成语;或者用英语作为问答媒介,考查参赛者对中国文化的了解。这种内容设计可以很自然地将英语能力和本土文化知识结合起来,并增加此类活动的趣味性和新颖性。英语演讲比赛和英语角作为英语第二课堂活动的重要组成部分,在主题的设计上都可以适当地融入爱国主义和民族精神。

文化认同能够增强一个民族的凝聚力。当代大学生不仅是中国未来经济建设的主力军,而且是维护和发扬民族文化的重要主体。增强大学生对优秀传统文化的认同,是思想政治教育的重要课题。外语教师对于此项任务的积极参与,可以使大学外语课堂成为实现全员育人的广阔平台,丰富思想政治教育的实现途径和教育方法,用文化的张力减少思想政治教育的单调与枯燥,使外语教学成为对大学生进行渗透式教育的重要环节和有效途径。

第五节　文化自信与大学英语课程

文化自信是当代中国重大的社会和文化课题,当前文化自信研究需要强化主体研究。文化自信的价值本质和话语中介说明文化自信与外语课程的内在关联与可能性。由此,本节反思当前大学英语课程目标、课程内容及课程主体等方面存在的不足,在此基础上,笔者展开了文化自信视域下的大学英语课程实践,即以传播中国文化为课程目标、鼓励中国英语为课程内容、开展中国话语为课程实施，实现认同中国价值的课程目标。相关实践发挥了语言和课程在文化自信培育中的生成力量，促进了大学生的本土文化自觉和文化自信。

"一切问题，由文化问题产生；一切问题，由文化问题解决。"文化全球化语境下，文化渗透引起广泛担忧，文化自信成为当代中国重大的社会和文化课题。学校教育，特别是高等学校教育，更应主动回应时代主题，在学校教育的各个环节，特别是课程与教学环节，开展文化自信培育研究与实践。那么，文化自信究竟是什么？大学英语课程与文化自信有怎样的正向关联，当前大学英语课程在文化教学方面又有哪些不足，该如何改革？带着这些问题，笔者展开了相关研究、思考与实践。

一、文化自信及研究概述

任何研究都始于概念，并以概念为中心构建话语谱系。首先，何为文化？文化从根本上映射人类生存认知与其对象性活动。中文"文化"一语出自《易经》贲卦象辞："刚柔交错，天文也；文明以止，人文也。观乎天文，以察时变，观乎人文，以化成天下。"意指人类基于自然现象的认识和改造活动，其中不仅强调器用，也彰显意义。英文"Culture"则源于拉丁文"Colere"，原指"人之能力的培养及训练，使之超乎单纯的自然状态之上"，至十七八世纪，扩展至一切经人为力量加诸自然物之上的成果。可见，无论是"文化"，抑或"culture"，表达的是人类活动源于物质，走向精神的过程和结果，是人类对意义和价值的追寻。

这种意义与价值追寻，如能超越特殊，走向普遍，则将在更大的时空获得认同，相应主体即能在相关认知、比较、反思的基础上产生文化自信，并演化为各种物质和非物质载体，其中最重要的便是符号。"全部文化（文明）依赖于符号"。纵观人类全部物质与非物质符号，最具建构性的是话语，它通过"所包含的符号、概念、价值观、意识形态等要素在国际社会产生影响力、吸引力"。作为特定历史、文化语境下的言语交际事件〔它可以是单一事件（event），如某次雾霾报道；也可以是系列事件集合，如中日钓鱼岛之争〕，话语是反应，而非反映。通过话语，主体描述现实、建构价值，由此"外化和建构隐性的文化"。因此，文化自信离不开话语，是主体对自我精神和社会文化的价值建构。

由此，文化自信是"一个国家、一个民族以及一个政党对自身文化价值的充分肯定和积极践行，并对其文化的生命力持有的坚定信心"，它以价值为核心、话语为中介，两者都离不开主体。然而，国内"长期以来……'物质在前，精神在后'的客观语境"，使得中国文化研究的主体部分相对薄弱。作为当前重大的文化研究，文化自信同样呼唤主体研究的深化和细化，其中，也包括作为中国文化重要担当之———大学生主体的文化自信。

那么，当前大学生主体的文化自信研究概况如何呢？截至 2017 年 3 月，笔者在中国知网以文化自信和大学生为关键词，搜索文献，共计 125 篇。综合来看，相关研究宏观阐述多于微观建构，基本原则多于具体策略。在普遍认为文化自信是更基础、更广泛、更深厚的自信的理论基调下，大学生主体的文化自信，很大程度上仍然是思想政治教育课程的显性课题，结合其他课程培育文化自信的跨学科研究寥寥无几，某种程度上是理论和实践真空。教育界值得思考文化自信与非思政课程的内在关联，利用学科特点，突显隐性资源，并在此基础上展开课程实践，促进文化自信培育的多元发展。

二、文化自信是外语课程题中之义

学校教育的主要载体是课程，且主要借助学科课程，传递教育内容、体现价值取向和影响学生成长。

课程具有政治性，它"不是纯粹客观的，也不是价值无涉的"，语言课程的政治性来自语言的政治性。布尔迪厄说，"言说并不仅仅是需要被理解和破译的符号，它们还是财富的符号，意欲被评价和赞美；也是权威的符号，意欲被相信和遵从"。这就是说，语言并不仅仅是一种对社会生活的表现，更涵盖了一种文化对某种社会生活及其价值的表达，换而言之，语言既是工具，也是目的。相应地，语言课程便具有了独特的目的—手段（ends-means）二重性，它不仅体现知性，更具备人性，对学习者世界观、人生观和价值观产生直接而独特的影响。

另一方面，语言不仅表现对象，更表达价值，并不意味着外语课程必然只能传递目的语语言与文化，或成为目的语语言与文化拥趸。正如语言通过"对话"实现意义，文化也以"他者"为镜像。不同的文化带来的不只有挑战，也有机会。外语课程中，目的语文化和母语文化并举，平等对话，同样有可能促进学习者从不同的视域反思母语文化，同时更加全面、客观地认识目的语文化，从而，经"视域融合"，对比、发现不同文化的独特价值，获得文化自觉和文化自信。

事实上，20世纪以来，越来越多的学者认为：除了语言知识，语言课程应该更加积极地培育语言和文化批判意识和能力，引领学习者学会透视语言表层意义，对语言及其文化予以批判性地分析与体认，从而不但获得语言知识与技能等"语言结果"，还因文化批判触发文化自觉、文化多元主义等"非语言结果"。

作为更高层次的社会化内容，全球化背景下，外语教育应当也可以培育具有国际视野的爱国公民。

三、文化自信视域下当前大学英语课程的不足

令人遗憾的是，截至目前，相关研究仍然表明，大学英语课程并没有促进"生产性双语现象"。作为课程，大学英语整体呈现出课程目标迷失、课程内容遮蔽和课程主体素养不足等问题。

（一）大学英语课程目标迷失

"既没有无教育的教学，也没有无教学的教育"。任何课程集合教学性目标和教育性目

标，前者关注学科的特定传递，后者关注人的全面发展，两者是手段—目的关系。当前课程正"越来越成为一种'符号表征'，越来越成为一种'文本'，通过这种文本，可以解读和构建出多元的意义政治意义、种族意义、性别意义、审美意义、神学意义、个性意义等等。"

然而，"无论是传统语言学关注语法、结构语言学聚焦形式分析还是交际语言教学重视语言技能，大学英语课程目标往往局限在英语词语、句法、表达等语言知识和语言规则等教学性目标上"，缺乏或忽略课程潜在的教育性价值。现实中，提高大学英语学习者人文素养还只是总体要求，并没有具体或分期目标："（拘泥于语言基本功学习的）外语教育不再是通过语言去认识世界，而是通过语言去制造自己，外语教育的人文精神和东西方沟通能力就此丧失，这就是今天外语学科危机的来源。"

（二）大学英语课程内容遮蔽

全球化语境下，跨文化交往应互为主观、互相参照；促使人类文明走向"各美其美，美人之美，美美与共，天下大同"。

然而，作为课程内容最根本的反映，大学英语教材"中国文化失语"仍然严重，大学英语学习者仍然单向度地沉浸在"英美文化"之中，以至于对英语国家文化的认同超过对本国文化的认同，更无法主动、对等、有效地输出本国文化，造成一种新的"哑巴英语"。因此，全国大学英语考试委员会自 2013 年 12 月起，将四、六级考试翻译题型调整为段落汉译英，内容涉及中国的历史、文化、经济、社会发展等，希望借此敲响警钟，促进课程内部不同文化平衡，发挥母语文化正向迁移。但相比目的语文化，母语文化目前在大学英语课程中，从内容到形式，都仍然难顶"半边天"，处境尴尬。

（三）大学英语课程主体素养不足

课程为了人，也依靠人。大学英语要平衡课程目标与内容，课程主体最为关键，尤其是大学英语教师的综合素养非常重要。

然而不容乐观的是，当前大学英语教师的综合素养不足，群体来看，大学英语教师的目的语语言素养，要远高于他们的综合文化素养。这种现象，有改革开放以来外语教育工具取向的历史原因，也与大学英语教师本身的课程认知与职业追求不无关系。教学实践中，大学英语教师往往能对目的语历史与文化侃侃而谈，却对自身所在的中国历史与文化"陌生感"严重，以至跨文化交流彼岸风光独好。学习者也往往在新鲜劲过去之后，陷于审美疲乏，或无法勾连课程内容与自身现实生活，发出课程无用论。要改变这种情况，大学英语教师需要站在时代潮头，建立超语言意识，关注本土社会与文化发展，具备更为宏观的价值追求和跨学科视野，坚持历史思维，学会辩证方法，才能真正在大学英语课堂上促进语言、社会与文化的多方互动。

四、文化自信视域下大学英语课程实践

课程论之父 Tyler 提出了课程框架四要素，即课程目标、课程内容、课程呈现方式和

课程评价。笔者依据 Tyler 课程四要素，尝试开展了文化自信视域下的大学英语课程改革与实践。总体来说，文化自信视域下，大学英语课程需要全面转向，促使语言微课程与社会大课程互动，才有可能真正开展跨文化交流，促进文明互鉴。

（一）课程目标——传播中国文化

培育文化自信，大学英语课程首先要完善教学目标。

回顾历史，大学英语课程目标并非一成不变，而是密切联系国家发展战略。改革开放前 30 年，中国走向世界，以外语为工具具备充分的"合法性"。改革开放后 30 年，特别是进入 21 世纪以来，随着中国由"本土型国家"转变为"国际型国家"，"文化强国"和"中国文化走出去"成为重大的国家战略。面对新的国家和社会需求，《2015 大学英语教学指南》提出"增强国家语言实力，传播中华文化，促进与各国人民的广泛交往，提升国家软实力"。这并非剥夺或弱化目的语文化与文明出场，而是补充与强化缺席的母语文化与文明，是从克服"中国化"到弘扬"中国化"的转变，以帮助学习者实现学习世界经验的教学性目标和传播中国文化的教育性目标，落实课程"全人"培育目标。

（二）课程内容——鼓励中国英语

大学英语课程要传播中国文化。那么，什么样的课程内容有助于实现这一课程目标？

作为全球化进程的一个伴生物，英语已经逐步发展成为一门国际通用语言，且短时间内不可能改变，"传统的英语单语（monolingual）模式逐渐转向为多语（multilingual）及多文化（multicultural）并存与相融的复合范式，成为当代英语使用语境的一种新常态"。在此背景下，用英语传播本国文化，成为中国文化走出去重要的现实途径之一，即以规范的英语表征中国"特有的东西"，葛传槼先生称之为中国英语。与中式英语不同，中国英语是"具有无法避免或有益于传播中华文化的中国特点的英语变体，它是东西方文化交流的产物，产生于文化的空缺。中国英语同时关照中国文化的"有形之物"（如建筑）和中国文化的"无形之物"（如中国文化价值观、人生信念、社会准则等），前者为文化认知，后者为文化认同。

就文化认知来说，中国英语一方面要表达传统中国文化，包括学术思想、宗教、教育、文学、艺术、科技、建筑、历史、语言文字等；另一方面，也要投射当代中国的基本国情。而"文化认同不是文化乡愁，它不是对过去的缅怀，而是对现在的定位和对未来的想象。它要在物的机械运动中开辟出价值和理想的天地"。大学英语要培育文化自信，不能仅仅停留于表层文化的介绍，而应展开深层文化的鉴赏。青年学生思想活跃，易于接受新鲜事物，但同时也缺乏一定的"扬弃能力"，因此展开中西文化对比与对话非常有必要。实际上，现代及后现代以降，西方社会不断反思自身主体文化，苦苦谋求"二元对立"思维壁障的突破，中国文化"二元融合"的传统与特质原就是我们的"文化资本"，也是我们文化自信的源泉。

（三）课程实施——开展中国话语

"文化自信的生成有其自身的规律，文化认知是前提，文化交流是条件，文化话语权的掌握则是关键"。培育文化自信，大学英语还应突破语言学教育的樊篱，开展言语学教育，即课程实施要基于语言、超越语言、走向文化。鉴于文化的话语中介性，这一过程可以中国话语为抓手，围绕一系列传统或当代文化事件，实现语言表征与文化意识的驱动与优化。

这就是说，文化自信视域下的大学英语课程，认同课程是活动、是师生在具体的教学情境中共同合作、创造新的教育经验的过程，这个过程中，课程主体的担当、课程机制的促发和课程媒介的丰富非常关键。

首先，"师生即课程"。作为语言与文化的双重使者，大学英语教师在课程实施中，要超越"技术理性"，追求"实践理性"和"解放理性"，努力以扎实的英语语言底蕴、深厚的中国文化素养，不仅解语言之惑，更引言语之旅，帮助学习者增强言说主体意识、优化言说内容与形式和夯实言说社会文化效果。另外，作为中国文化主体，学习者自身，生生之间同样存在巨大的主体意识、能动性和创造性可被依赖，通过话语导引，展开发现、探究、研讨等认识活动，则不但文化认知可被传递，文化认同更可期待。

其次，"活动产生意义"。杜威认为教育就是将逻辑的经验还原为心理经验。文化自信本质上是一种心理经验，它是直接的、鲜活的和内隐的，需要通过活动发挥学习者的主体性，交互作用和解决问题的能力，获得对世界的完整认识。具体来说，文化自信视域下，课堂教学提倡由学习者生活中的人和事出发，结合一系列传统或当代文化事件，贯穿以真实并符合学习者语言水平的产出任务，不但指向语音、词汇、语法等语言产出，更通过互证、互释，展开言语实践，以验证、对比和鉴赏不同文明及其话语的历史背景和现实意义，并通过活动习得潜在的价值观念、规范和态度等。

最后，"媒介即素养"。大众传媒时代，教育需要培养人的媒介素养，使人们具备对媒介的利用能力和对媒介的批判意识。文化自信视域下，教学资料应综合包含语言、交际和文化因素，促进真正的、双向的跨文化交际。具体而言，教学除了介绍异域文化外，还应弘扬本土文化，以相关性、真实性、适用性、时代性、多模态性兼具的教学资源，提升学习者对于不同文化话语的理解，建立平等、宽容、合作、共赢的文化态度。同时，信息时代，第一课堂和第二课堂边界模糊，课堂+网络的立体化教学形态值得鼓励，学习者可以课堂为中心展开中国话语讨论，再以网络为平台辅助中国话语反思，促进语言技能和文化自信的双重提升。

（四）课程评价——认同中国价值

泰勒认为，课程评价本质上考量课程目标通过课程内容和课程实施的完成程度。文化自信是认知，更是态度。文化自信视域下大学英语课程是否取得预期课程目标，主要考量学习者课程前后文化自觉、文化自省和文化自信的变化，即文化自觉上，课程是否促进了学习者多元文化意识和本土价值认知；文化自省上，课程是否促进了学习者文化批评意识和辩证文化态度，以及文化自信上，课程是否促进了学习者主体身份、本土价值认同和精神生活质量的新向度。

"文化是表意的实践活动；也是一种特殊生活方式的描述"，通过对学习者中国英语的输出能力和中国话语的实践行为的考察，文化自信视域下大学英语课程最终旨在实现"思想的全部功能在于产生行动的习惯"，即知行合一。

文化自信是当代中国重大的社会和文化课题。文化自信以价值为核心，以话语为中介。以语言和话语为媒介，构建中国文化话语将成为目前和今后相当长的一段时间里重要的社会实践文化自信培育中，主体研究尤为重要，更具现实性。培育当代大学生主体的文化自信，应紧密联系他们的学习和生活。

课程的深处一定是文化。大学英语课程是中西方文化交流与贯通的主要渠道之一，应是表意、交际和思维的三方互动。通过对不同文化的反思与视域融合，将中国文化送到彼岸，大学英语课程需要突显社会取向，补充母语文化内容，开展文化话语实践，促使价值认同，以促进学习者讲述中国故事、凝练中国话语、弘扬中国价值，成为文化自觉与文化自信新一代。

第六节　大学英语教学与中国文化

根据波特兰战略传播咨询公司发布的 2016 年度《软实力 30 强报告》(Soft Power 30 Report)，中国整体排名第 28 位。在经济全球化、互联网高度发达的信息时代，文化已成为这个时代进步和发展的标志。文化是一个国家尊严的代表，国家是否能够真正和平崛起取决于文化建设的水平。国际上有种说法：一流国家输出文化，二流国家输出人才，三流国家输出产品。但当代中国的现实是：文化不仅被西方忽略，也被我们自己忽略。2013年 9 月，国家主席习近平提出"一带一路"的倡议，要在文化平等的前提下谈合作，让文化"走出去"。"一带一路"，文化先行；文化如水，带路如舟。每个中国人都有义务和责任将我国的文化传承下去，并传播至世界各地。大学英语作为一门大学生必修的公共基础课，覆盖面广，波及力强，大学英语教师应充分利用课程教学，在传授学生语言知识的同时，向学生传输西方文化和中国的传统文化，培养学生自觉的文化主体性和文化操守，让学生知己知彼，展示中国文化中积极而富有正能量的一面，突显中国的文化软实力。

一、当前大学英语教学中的"中国文化失语"

20 世纪 80 年代以来，英语教学中的文化研究引起了语言学家们的关注，并有不少学者取得了一些研究成果。但是，这些研究通常注重的是西方文化的导入，对中国文化的导入涉及甚少，导致学生输出中国文化的能力极为有限，出现了所谓的"中国文化失语"现象，主要体现在课程设置、教学内容、教学方法和学生的表达能力四个方面。

第一，课程设置应试功利性。长期以来，大学英语教学的课程设置大都是为了让学生应对大学英语四、六级考试，注重传授语言知识，训练听、说、读、写、译等基本技能。即便是全校性质的选修课，也只是开设一些迎合市场需求的英语写作、翻译和商务方面的课程。大多数高校没有开设中国文化英语课，因此学生对中国文化不甚了解，即使有所了解也不知道如何用英语表达，无法进行跨文化交际，更不用说进行中国文化输出了。

第二，教材编写中英文化失衡。目前国内高校使用比较广泛的英语教材为外语教学与研究出版社 2001 年出版的《新视野大学英语》、上海外语教育出版社 2011 年出版的《全新版大学英语》和高等教育出版社 2004 年出版的《体验英语》。"这些教材几乎都是反映第一语言为英语的国家的文化材料，而反映中国传统文化的英文教材却很少"。学生从教材中感受到的都是原汁原味的英美文化气息，却学不到有关中国文化的英语表达方式，教材内容出现了严重的文化失衡。

第三，教师中国文化修养和文化平等意识缺失。我国一些高校的部分英语教师由于自身缺少中国文化修养和文化平等意识，对中国文化的解析能力和教学能力有限，从而导致在课堂上只注重讲解西方国家的文化特点，侧重传递英美文化却忽视了对中国本土文化的传播，提供给学生的有关中国文化的英文素材数量也很欠缺，学生所知中国文化的英语释义寥寥无几，其结果造成学生难以用所学英语知识表达中国的本土文化，直接影响了学生对学习方向的判断，从而导致中国文化输出的能力欠缺，难以向世界传播中国文化。

第四，大学生中国文化的英语表达能力欠缺。英语的学习过程不仅是简单地学习一门语言，更多的是对这门语言相关文化的学习。学生自接触英语以来被灌输的多为西方国家的文化知识，表达我国本土文化的能力极为有限，即使是英语专业的学生也难以将一些具有中国文化色彩的词汇，如"神州大地""华夏""聊斋志异"等准确地用英语表达出来。

二、大学英语教学中导入中国文化的必要性

每个民族都有其独特的文化，文化是促进世界融合和国家进步的利器，让中国文化"走出去"是我国"一带一路"文化建设的主旨；更好地领悟中国文化，引领中国文化随着"一带一路"的建设走向世界是广大大学生的使命。在英语教学中导入中国文化，一方面可使我国优秀的传统文化得以传承，另一方面可促进我国文化走向世界，增强我国的文化软实力。其必要性主要表现在以下三点：

第一，导入中国文化是加强英语学习的需要。语言是用于交流的符号系统，其本身也是一种文化现象。学习语言的过程不仅仅是对这门语言的认知，更重要的是对这门语言相关文化的了解。学生对西方文化接受与否受到各种因素的影响，比如对文化差异的感知度、自身的认知水平、知识结构以及对本族文化的掌握等等。因此在英语教学中，应始终坚持中西文化相结合的原则，一方面，了解中西文化之间的共性有助于学生更直观地理解英美

国家的相关文化;另一方面,了解中西文化之间的差异性有助于学生提高自身的文化主体性和文化操守。

第二,导入中国文化是传播我国优秀文化的需要。"语言是文化的载体,但语言并非只能为某一种文化服务,语言可以是超文化或跨文化的载体"。语言和文化相互影响、相互支撑、相互依赖,"英语理应成为传播中国文化的有效载体"。而目前的实际情况是,学生在英语教学中吸收的主要是西方文化,对中国文化的输出仅浮于表面,不能在跨文化交际中掌握主动权;中国文化在进行跨文化交际时因文化差异而被误解的现象仍屡见不鲜。通过在英语课堂中加强对中国文化的导入,让学生学会如何消解中西交流中的逆差,能逐步提高中国文化在国际交流上的地位。

第三,导入中国文化是跨文化交际的需要。培养学生的跨文化输出能力是当前英语教学的主要目的。在当今日益频繁的国际互动过程中,两种语言的交流实质是两种文化的交际。在交流过程中,对于两种文化差异性的克服和共性的相互渗透、跨文化交际能力的培养无不受到双向文化的影响。交际双方都应本着促进文化和谐、尊重文化差异的原则来进行跨文化交流,才能顺利达到文化输出的目的。因此,做到中西文化并重,既注重对西方文化的学习与借鉴,又强调对中国文化的传承与发展,是增强学习者对中西文化差异的宽容性和加强学习者跨文化输出的能力,促进跨文化英语教学的有效路径。

三、大学英语教学中大学生文化输出能力培养路径

语言服务于文化,而文化输出是当今时代提升国家软实力、增强国家综合实力的重要手段之一,针对当前大学英语教学中的"中国文化失语"现象,基于"一带一路"倡议,大学英语教学不仅要传授给学生语言知识和技能,还要大力导入中国文化,着力培育学生的中国文化输出能力,为我国文化软实力建设培养生力军。笔者认为可以从以下几个方面进行实践教学,提升大学生的文化认知和输出能力。

(一)在教学中增加中西文化的比较

中西文化存在很大的差异性,加强中西文化的比较能够加深学生对中国文化的理解并促进其对西方文化的了解。刘正光教授曾指出:"影响传递信息的各种语言的、非语言的文化因素,必须以外语学习者的母语文化比较作为对象,只有通过两种文化的差异的比较,才能找到影响交际的各种文化因素。"因此,增加中西文化的比较,理解中国文化是前提,包容西方文化是目标,这样才能有效地促进中西文化的交流并顺利地达到相互借鉴的目的。当然,在对中西文化进行比较时,无法概括全部内容,因此我们需有目的、有针对性地进行比较。对于大学生来说,他们对本民族文化和西方文化都有了一定的了解,所以对二者的共性较容易掌握,而对于个性往往缺乏了解。因此,中西文化比较教学应该坚持如下几个原则:首先,从中西文化的共性出发,再到个性差异,从表层文化出发,再到深层文化,有层次、有目的、循序渐进地增加中西文化的对比度。其次,寓文化教学于语言教学之中,

文化含量必须是适度的，文化内容的深度必须与大学生所处的学习阶段相适应。最后，比较应立足于共识，着眼于当今世界。在教学过程中，通过对中西文化进行比较，大学生的文化敏感性能够得到增强，也将逐步具备文化交流意识、本土文化保护和传播意识。

（二）在教学实施过程中导入中国文化

语言学家戴炜栋说："要实现外语教学既提高学生语言能力又培养跨文化交际能力的双重目标，决不能按照传统的外语教学思路和方法，把主要精力放在语言形式和词汇的教学上，而应将文化教学放在与语言教学同等重要的位置上，将两者统一起来。"教育部高等教育司于 2007 年颁布的《大学英语课程教学要求》规定："大学英语的教学目标是培养学生的英语综合应用能力……使他们在今后学习、工作和社会交往中能用英语有效地进行交际……提高综合文化素养，以适应我国社会发展和国际交流的需要。"在当今的大学英语教学中，不能想当然地认为学生只要掌握了英美文化，就有了跨文化交际的基础。英语课堂的学习过程是学生学习和深入了解中国文化的有效途径，因此，在大学英语教学中，必须处理好语言教学与文化教学之间的关系，在课堂上应该有适当的文化导入，将中国文化融入语言教学中，让学生更好地理解和汲取中国文化精髓，从而更好地实施让中国文化"走出去"的战略。

1. 完善英语教材

教材是教学的基础和依托，大学英语教材是导入中国文化的载体。因此，在完善大学英语教材内容时，编写者应注意中西文化在教材中的平衡，增加一些有关中国文化的英语材料，在对比中西文化个性的同时注重二者的有机结合。比如在教材中可以加入一些对我国传统风俗习惯、各个地区地域特色，以及我国所特有的茶文化和戏曲文化的介绍等。其次，除了教材外，教师还应选取一些名家的英译作品，或是一些有关中国文化的英语读物推荐给学生。这样一来，学生不仅可以从课堂上的教材学习中掌握中国文化知识，还可以通过课外英语读物了解中西文化之间的差异，通过对比其差异性，吸取两种文化的精髓，促进两种文化的相互融合。

2. 改进翻译教学

我国大学英语的教学通常将字词句的翻译技巧作为教学重点，且翻译方向多为英译中的模式。然而，根据 CET4 和 CET6 考试的最新改革方向，翻译内容更注重将汉语转化成英语，并由原单句汉译英调整为段落汉译英。但由于中国的英语教学仅注重西方文化，学生对中国文化的理解能力较差，很难理解翻译中汉语言文化的内在意义，导致翻译困难。因此，在翻译教学中导入中国文化势在必行。在教学过程中，教师可以让学生了解中国典籍如《论语》《道德经》《诗经》《红楼梦》等的简易英文译本，并让学生尝试翻译一些具有中国文化背景的资料，逐步了解中国文化和英美文化的差异，培养其文化的敏感性，加深学生对本族文化的了解，提升学生对中国历史文化背景的英语表达能力，进而提升他们中国文化的输出能力。

3. 精心设计作业

课堂讲解是传授知识的根本途径，课后练习是丰富知识的基本方式。教师应该通过精心设计课后作业，引导学生在课后学习语言的同时自觉关注有关中国文化的内容。笔者对大一新生所做的问卷调查显示，中国的饮食文化、服饰文化、影视文化是大学生感兴趣的话题。教师可以利用这些潜在的因素，逐步引导学生关注中国传统文化习俗和中国文学艺术。此外，教师还可以给学生提供文化交际情境，让学生扮演情境中的角色，完成所布置的交际任务。学生通过模拟情境实践，切身体会中国文化的魅力所在，感知中国文化的精髓所在，提高中国文化的英语表达能力和输出能力。

（三）在教学中建立平等的文化意识

在"一带一路"倡议的引领下，文化平等是有效导入中国文化的前提条件。文化平等意识是解决东西方文化交流和文化传播问题的有效药剂师，是实现跨文化交际真正意义上的交流与沟通的筑梦师。因此，教师在教学过程中应从思想上树立学生的语言平等观和文化平等观。能够顺利地进行跨文化交流是我们学习英语的根本目的，而在目前"一带一路"文化建设如火如荼之际，让我国优秀的传统文化"走出去"是我们学习英语的终极目标，因此，在充分了解和吸收外国文化精髓的同时，要注重以"我"为重，要学会准确地用所习得的英语知识来介绍我国文化。除此之外，根据"一带一路"倡议关于文化建设的要求，东西方文化的交流应本着彼此尊重的原则，树立平等的文化意识，在相互平等的基础上将我国辉煌的民族文化传播至世界。

1. 增加学生对本民族特色文化的了解

每个国家都有自己的文化特色和文化产物，这些文化特点和文化产物即是一个国家的文化标志。中国作为一个历史大国，历史给我们遗留下来的文化特性是我们整个民族的骄傲和自豪。在大学英语课堂上教师应适时适量地向学生介绍一些我国文化标志的历史来源及其意义，如长城、故宫等文化名胜，旗袍、茶、陶瓷等文化产品，春节、端午节等民俗节日，引导学生利用自己的语言专长，将象征着中国人民勤奋、智慧、创造力和想象力的文化向国外推广。

2. 引领学生把握中国传统文化之精髓

没有传统文化的传承，就谈不上文化的崛起和创新。随着新时代的发展，学生对中国传统文化的理解也不尽相同。因此，在大学英语课堂上，教师应该通过中西文化的比较，让学生深刻地意识到中国传统文化的精髓是一种基于"道"和"德"的文化底蕴，儒家文化里不止有"仁"和"礼"的深刻内核，更有对生命价值的尊重和人格尊严的维护，以及自强不息的精神和包容开放的胸怀。经典的中华古诗词一直涵养着中国人的精神生活，充实着中华民族的心灵空间，为大众认识自我认识世界提供着参照，因此在大学英语课堂上，教师应该向学生介绍中华古诗词中英文版本，让学生重新正视这份可贵的财富，引领学生把握中国传统文化精髓，向世界输出中国的思想文化和艺术文化，让全世界了解中国优秀传统文化所追求的是一种真、善、美的人生境界。

3. 培养学生正确的文化价值观

自 20 世纪 90 年代以来,中国青年的人生价值观有三个基本的变化:群体本位向个体本位取向的偏移;单一取向向多元取向的偏移;理想主义取向向世俗性、物质性取向的偏移。一些大学生采取对传统文化全盘否定、对西方文化则全盘接受的态度。不融入世界,是绝对没有出路的,但一味强调融入世界的共性,却不强调本国民族文化的个性,是极其危险的。因此,必须在大学英语课堂上通过文化教育、文化选择等措施培养大学生积极的文化心态和开阔的文化视域,培养学生正确的文化价值观。

在大学英语课堂上,通过对比中西文化价值观,让大学生具备文化融合的观念,了解中华文化的价值观具有许多优势,是世界独特的文化瑰宝;"和谐"思想是中华民族五千年来一以贯之的核心文化价值观,"己所不欲,勿施于人""和而不同"等是中华文化核心价值的"和谐"精髓。培养学生正确的文化价值观应坚持以下原则:既不忽略中国文化价值体系与外国各种文化价值观的共性,更应强调中国文化价值体系的独特性及其对世界所做出的贡献。这样中国文化才能得以广泛传播,并成为人类共创、共享价值观的组成部分。

随着中国经济的国际地位的提高、全球一体化进程的加速、"一带一路"倡议的实施和国际交往的增多,我们有责任介绍和传播中华民族的传统文化,让世界了解中国、让中国走向世界。文化是动态的,具有生命力的,它会随着时间的改变改变,随着社会的进步而产生相应的效应。通过在大学英语教学中导入中国文化能让这块瑰宝大放异彩。充分利用英语教学的平台,在教学中导入中国文化,增加中西文化的比较,帮助学生建立平等的文化意识,把握文化对外传播的原则,不仅能够提升我国大学生跨文化交际的能力,同时还能在一定程度上树立我国国家形象,增强我国文化软实力,从而达到文化建设和对外文化输出的目的。

第五章　听说教学

第一节　网络教学与大学英语视听说课程

随着大学英语改革的不断深入，我国大学英语教学也正在经历一个教学理念不断更新、教学方法和手段不断完善、教学条件和环境不断优化的过程。2004年教育部正式印发的《大学英语课程教学要求》，将大学英语的教学目标确定为培养学生英语综合应用能力，特别是听、说能力，使他们在今后工作和社会交往中能用英语有效地进行口头和书面的交流，同时增强其自主学习能力，提高综合文化素养，以适应我国社会发展和国际交流的需要。课程设计本身指根据不同的教学对象，对教与学的活动进行不同层次、不同范围、不同环境、不同形式的设计，是运用不同的学科理论或原则解决外语教和学等问题的过程，是定标和达标的科学性与艺术性结合的表现。本节研究的目的是以网络技术为支撑，使英语教学不受时间地点的限制，朝着个性化学习、自主式学习方向发展；根据吉林农业大学自身的条件和学生情况，研究并探讨适合本校情况的基于单机／局域网的多媒体和课堂教学中视听说教学的课程设计，以保证学生有效地进行学习。

一、大学英语视听说课程教学设计的要求

大学英语视听说（网络教学）课程是一门以学生自主学习和协作学习为主体的综合性学习课程，主要目的是培养学生综合语言运用能力，并使学生在运用知识的过程中培养从事不同文化交流与合作的能力、交际能力、协作能力、适应工作的能力、独立提出建议和讨论问题的能力、组织能力、为人处世的能力、灵活应变的能力等等。因此，现代教育技术的优势为本课程的顺利开展提供了坚强的保障，学生在网络上进行自我监控、测试、检查，判断或检测其自身学习行为和效果。

大学英语视听说课程教学设计，首先必须遵循《大学英语课程教学要求》，符合语言教学规律，符合学生和社会对英语学习的需要。大学英语视听说课程的教学设计强调在教师指导下的有效语言结构的同时，突出语言表达能力的培养。《大学英语课程教学要求》明确提出：大学英语教学目标是培养学生的英语综合应用能力，视听说一体的教学模式可以帮助学生能听懂、能表达，符合《大学英语课程教学要求》的教学指导思想。其次，外

语教学不仅是单向的语言输入，更为重要的是利用有效的语言材料构建语言体系、培养语感，目的是达到顺畅的语言表达。大学英语视听说课程的教学是教师有针对性地输入讲解和引导学生构建语言体系相结合的教学模式，符合外语教学规律。最后，大学英语视听说课程的教学设计要有利于调动学生学习的能动性，学会从真实的语言材料中获取有用的信息、锻炼自主学习的能力，在以后的学习交往中不断地提高英语水平，同时增强其自主学习能力。

我校大学英语教学自 2004 年开始采用课堂教学和基于计算机自主学习系统相结合的教学模式。新的教学模式的特点之一就是学习者自主。元认知理论和建构主义学习理论认为英语学习是学习者主动获得英语知识、形成英语技能的过程，学生的自主学习依赖于学生的自我学习意识、学习动机、学习策略等学习者因素，强调学生是认知的主体。因而于网络教学环境下大学英语视听说教学模式要求教师着重培养学生的主动性和积极性，提高学生的自主学习能力。

二、大学英语视听说教学现状的调查及结果分析

（一）两个问卷调查

1. 针对学生的问卷调查一

300 名大学生接受了这次问卷调查。问卷包括三个部分。第一部分调查学生学英语的心理因素；第二部分针对教学方面的（从学习者角度看）问题；第三部分有关学生学英语的情况。

2. 针对教师的问卷调查二

53 名大学英语教师接受了这次问卷调查。问卷包括两部分。第一部分是有关当今教育体制的；第二部分收集有关当前大学英语视听说教学的情况。

（二）结果分析

1. 大学生学习英语的情况

从对学生的问卷调查可以看出，58% 的学生有一定的学习英语兴趣，少部分学生（19.3%）不感兴趣。但是，由于他们的目标不明确（48% 的学生学英语主要是由于必修课的原因）、语言实际应用能力差（85.7% 的教师这么认为）和较高的焦虑感（66.7% 的学生参与课堂活动时感到紧张），结果造成了学生参与活动的积极性不高（69.3% 的学生不自愿，78.6% 的教师认为大多数学生积极性不高）和自主学习能力不强的结果（46% 和 48.7% 的学生分别只是偶尔练听力和会话，71.3% 的学生没有明确的学习计划，73.3% 的学生没有明确的实施计划的策略）。

2. 大学英语视听说当今的教学状况

将视、听、说三种学习活动有机地结合起来，以听、视（看）原版影片及访谈类材料为手段，以发展口语能力为目的。听、看是英语学习的一种"输入"，输入的是一种原汁

原味、生动活泼、听觉神经和视觉神经相结合的英语；说，是一种模仿性的语言输出，输出经过学生模仿、学习、加工后产出的结果。先视听，后模仿角色对话，最后对所学内容进行评价，形成一套行之有效的教学方法。

调查结果表明，57.1%的教师英语课堂上主要采用交际教学法；78.6%的教师通过课上各种活动培养学生的口语能力；69.3%和42%的学生认为"说"和"听"分别最重要和较重要；87.3%（30%+57.3%）的学生认为课堂教学重视口语教学。

三、网络教学环境下大学英语视听说教学课程设计的可行性

（一）自主学习能力培养的必要性

1. 培养自主学习的能力是《课程要求》的目标

培养自主学习的能力是《课程要求》的目标，自主学习能力的培养是计算机学习系统有效利用的保证。当今学生不只是通过有限的课堂教学获取知识和培养能力，课下还要在自主学习系统教室自主学习英语。学生根据自己听力测试情况，自由选择听的级别，自己决定听力和说的遍数，解决自己的问题，实现个性化学习。这种学习成功的保障完全取决于学生的自主学习能力。自主学习能力的培养是语言教与学的目标。自主学习是学生各项能力发展的保证。随着教学改革的深入，英语测试（四、六级考试和学期期末考试）不再只是对英语知识记忆的考查，而更多的是对运用能力的检测，包括策略运用的考查，如口语的交际策略和情感策略、大意预测听力等。

基于 WebQuest 的网络课程能突出体现学习者学习的自主性，满足学习者自主学习的需要，充分发挥学习者自主探究资源的能力，满足学习者对学习内容的自我选择、甄别和管理。英语语言文化知识所设计的内容广泛，学习者本身对语言知识的需求千差万别，而教师的课堂教学仅仅是大学英语教学设计环节的引导，要借助"多媒体"（multimedia）来进行"多元文化"（multicultural）教学，以更"贴近学生生活"（relevan to students'lives）和"贴近职业市场"（career-oriented）。这一过程的实现无疑需要学生在文化情景下进行自主探究和合作探讨，以满足个人对知识的需求。

要适应社会发展和国际交流的需要，人们必须终身学习，不断自我发展与提高。对于许多学生来说，离开学校、走上社会并不意味着学习英语的结束，而是更深层次的自主学习的开始。

2. 自主学习能力的培养是计算机学习系统有效利用的保证

当今学生不只是通过有限的课堂教学获取知识和培养能力。课下还要在自主学习系统教室自主学习英语。学生根据自己听力测试的情况，自由选择听的级别，自己决定听力和说的遍数，解决自己的问题，实现个性化学习。这种学习成功的保证完全取决于学生的自主学习的能力。

3．自主学习能力的培养是语言教与学的目标

语言学习是一个积极的动态过程，是学习者综合运用各种策略模式对信息积极加工、对学习过程自我监控，从而达到自然运用语言的过程。

4．自主学习是学生各项能力发展的保证

随着教学改革的深入，英语测试（四、六级考试和学期期末考试）不再只是对英语知识记忆的考查，而更多的是对运用能力的检测，包括策略运用的考查，如口语的交际策略和情感策略、大意预测听力等。

5．自主学习能力的培养是提高课堂教学效率的需要

在有限的课堂教学过程中，首先让学生明确教学目的和内容，认真听课，充分调动学生的主观能动性，积极配合老师参与各种活动，取得最大限度的输入和内化。其次，（由于课堂时间有限，大量时间在课外）课外正确引导：有规律地复习—预习—练习相结合。课内外相结合是提高教学效率的保证。

（二）课堂教学应重视学生的需求

以学生为中心的课堂教学应体现学生的需要。课堂教学不仅要考虑他们将来对英语的需求，还要考虑到他们日常学习过程中的需求。日常学习过程中的需求不仅包括语言学习本身的因素，如日常的学习负担、循序渐进、复习巩固等，还包括学生的智力和情感的需求。

（三）积极探索视听说教学的新模式，帮助学生建立信心，激发学生兴趣

2004年以来，我校大学英语教学实施了基于计算机和课堂教学的大学英语新模式。教学以课堂教学＋计算机学习辅助系统＋教师辅导形式。课堂教学教师设计有利于个性化自主学习的教学活动，营造和谐的课堂气氛，帮助学生建立信心，激发学生的学习兴趣。"听说"教学采用多媒体网络教学模式。在教学过程中，教师要注意激发学生的学习热情完善教学中意义建构的指导作用，教师在学习情境的创设和过程，使网络课堂不仅实现人机对话，更重要的是进行人际交流。建构主义认为，在学习者对知识意义的自主建构过程中，意义建构是学习的目的，它要靠学习者自觉、主动去完成，教师和外界环境的作用都是为了帮助和促进学习者的意义建构。计算机和网络作为一种外在的媒介是实现学习者意义建构的一种有效桥梁，它必须以实际有效的资源内容为核心来促进构建过程的实现。

（四）重新认识了教师在视听说教学中的作用

以学生为主体的网络环境下学生的自主学习并不意味着教师职责的削弱，反而对教师提出了更高的要求，要求其承担更多的角色。事实上，"教师在促进学习者自我实现并定期向学习者提供帮助方面起着至关重要的作用"（Benson&Voller，1997）。

（五）建立视听说教学质量评估体系

建立了教学评估体系——由过程性评估和终结性评估两部分组成。过程性评估由教师评价和学生自主评价构成。学生自我评估包括网上学习过程记录、单元成绩、阶段性测试

成绩等。教师每节课记录学生的表现情况，每月检查一次学生的课堂笔记、课外写作等，并记录成绩。教师通过课外活动的记录、网上自学记录、学习档案记录、作业提交情况、访谈和座谈等形式对学生学习态度、学习方法、学习过程和学习效果进行观察、评估和监督。终结性评估由期末考试和平时成绩按比例构成。

实际上，英语课程设计是一个理论与实践相结合的复杂工作，它不仅需要以理论为基础，更需要实践去检验，是一个不断更新和完善的动态过程。只要我们在今后的英语教学中勇于创新、不断进取，英语教学就一定会上一个新台阶。

第二节　多媒体与大学英语视听说主题式教学

视听说英语教学主要通过视频和音频材料，借助比较真实的语言情景来进行。自 20 世纪中叶起，在西方国家就产生了运用听和说进行语言教学和学习的方法，比如，听说法 (The Audio-Lingual Method)、情景法 (The situational Approach)、交际法 (Communicative App roach) 等等。这些教学方法都曾对我国的外语教学产生了很大的影响。不过由于中国的教学一向是以考试为导向的，课堂上教师往往花大量的时间训练学生的听力技能技巧以帮助学生通过考试获得高分，而非真正意义上的视、听、说综合能力训练。

随着多媒体和网络技术的发展，网络多媒体技术融入英语视听教学中已成为趋势。2008 年 7 月，教育部高等教育司张尧学司长提出了新一轮大学英语教学改革的目标：以提高大学生的英语听说能力为主，以此带动英语综合能力提高。由于网络多媒体技术能够创设教学内容所需要的特定的语言情景，具有进行人机交流和加强师生之间和学生之间的交互协作的功能，因此在网络多媒体环境下开展英语视听说教学有利于学生视听说能力的综合训练，有助于提高学生对输入语言材料的理解和以口语交际能力为主的综合语言输出能力。

一、语言输入假设和输出假设理论

美国语言学家 Krashen 在 20 世纪 80 年代初提出了语言输入假设理论 (Input Hypothesis)。Krashen 认为，只有当习得者接触到"可理解的语言输入"(comprehensive input) 略高于其现有语言技能水平的第二语言输入，才能产生习得。如果习得者现有水平为"i"，能促进他语言习得的就是"i+1"的输入。Krashen 的 i+1 理论集中体现了循序渐进观，强调学习的步骤、方法和学习的过程，强调在"过程"中获得"结果"，让学习者获得大量的可理解性语言输入，变输入为吸收，习得语言知识，增强语言能力。

Swain 提出了"输出假设"，指出仅仅靠可理解输入还不能使二语习得者熟练地使用语言，成功的二语习得者既需要大量的可理解输入，又需要可理解输出。Swain 指出，在某种程度上输出可以促进二语的习得，其方式不同于输入，但可以增强输入对二语习得的作用。

Krashen 的理论和 Swain 的理论是相辅相成的。大量可理解的语言输入才能保证成功的语言输出，语言输出又可以促进语言输入的增加，从而使学习者语言水平不断提高。教师要充分考虑到学生的知识结构和现有水平，在其可理解范围内保证给学生提供足够的语言输入。这样，学生可以有效地接触大量的可理解性语言输入，从而提高语言习得效率。

二、利用多媒体网络环境进行主题式教学

英语主题教学模式是在现代教育思想指导下，以反映社会生活各方面主题为学习内容，把主题分化为不同的话题，通过引导学生参与这些话题逐步学习掌握语言知识，了解隐含的文化信息，达到提高学生的跨文化语言交际能力的目的。

如今多媒体网络技术被广泛用于教学中，教师可以借助网络多媒体资源的共享特性，根据不同的课堂主题，搜集整理与之相关的资料，提供较真实的语言材料，扩大和丰富语言输入，激发学生的兴趣，让学生在轻松、合作、友好的课堂环境中利用多种资源和信息，主动学习语言知识，并利用网络自主学习平台拓展学习内容和空间，通过听觉和视觉大量感知语言材料，结合各种听说活动加强语言输出，提高学生的英语交际能力。

作者在大学英语视听说授课中，摒弃了以考试为导向的公共英语听说课的授课模式，采用了发挥多媒体网络技术的资源优势，进行主题式教学的方法，具体做法如下：

（一）确定主题

主题内容不拘泥于固定的教材，而是根据学生的学习兴趣确定课堂主题，围绕这些主题展开各种语言视听说活动。笔者在授课中一般先提供一些涉及经济、教育、职业、健康、住房医疗保障、体育、旅游、环境保护、爱情等的主题，由学生挑选，然后根据授课时间和教学条件适当增减。这样能保证选取的主题现实性强，符合学生的兴趣，能调动学生学习的积极性。

（二）以主题为指导的语言输入输出

主题式教学的本质特征是围绕主题进行训练，以培养学生的综合能力。在笔者看来，一堂成功的英语视听说课需要完成三个步骤。

首先，课前准备。课前准备的目的主要是保证学生有足够的语言输入，以利于课堂活动的展开。教师可以依托学校的自主学习平台，提前公布课堂主题内容，上传学生课前要看的视频和音频，布置与课堂主题相关的思考话题，并让学生在网络上搜索与此主题相关的视频材料，利用网络环境进行探索和学习，然后根据以上材料进行加工整理，思考该主题在日常生活中的体现、对大学生有何影响等，最后以 PPT 课件的形式呈现出来。课前准备不仅能让学生提前了解相关的课堂主题内容，更为重要的是可以缓解学生课堂学习过程中的焦虑情绪，增强学生参与课堂互动的信心。

其次，课堂教学。这一步骤是语言输入、输出并重的阶段。承接课前准备，教师先让学生做个人课堂报告，即与其他同学分享自己准备的 PPT 课件，阐释个人观点，并回答其他同学提出的问题。然后，教师把通过网络多媒体制作出来的与主题相关的音频视频材料输入给学生，让学生进行听力理解练习，检查学生的理解程度，具体讲解重点难点，提供相关背景和文化知识，帮助学生掌握细节。对于好的视频材料，可以利用多媒体技术，选取合适的视频片段，让学生模仿，帮助学生完善英语发音和加深材料理解。另外，教师根据主题内容设计一些跟现实和学生生活密切相关的话题，开展课堂口语活动，调动学生语言输出的能动性。可以把学生分为小组，给他们一定的自主性，让学生自行确定采用对话、访谈、角色扮演等不同的表现形式。

教师课堂呈现的视频音频材料与课前提供的应有一定的内容差和难度差。如果课前和课堂上使用的材料一样，学生获取语言材料的积极性就会降低，不利于学生语言知识的输入。同样，课前材料难度应低于课堂材料难度，既能调动学生课下学习的积极性，又让学生对课堂教学充满期待，营造好的学习氛围，减少学习障碍，提高语言输入、输出的整体效果。

最后，课后延伸。视听说课程应该兼顾听和说能力的双向提高。只听不说或者多听少说都不利于学生语言交际能力的发展。否则，学生语言表达能力差，无异于传统的以听力为主导的教学模式。由于课堂上学生进行输入、输出的练习时间有限，因此课外在老师引导下进行延伸的语言输入、输出学习对于提高学生综合语言表达能力显得尤其重要。

课后延伸主要借助学校的网络学习平台，利用网络资源，让学生在开放交互的环境下进一步学习，扩大信息输入内容，增加输出的模拟练习。网络平台上有各种难度的视频音频内容，学生可以随机练习。教师还可以上传一些与主题相关的辅助学习资料，提供在线答疑。网络有学习论坛 BBS 和网络日志 BLOG，学生可以就课堂话题相互提问发表个人看法，增加学习的互动性。为避免课后学习流于形式，教师可以规定哪些内容必须在网上完成，哪些内容可以根据个人能力可做可不做，这样可以保证学生的课后学习有一定的针对性和自由度。

（三）立体化学习评价

针对学习效果的评价应结合视听说课的自身特点和网络多媒体辅助学习的特性，不同于以往的以考试为主的终结性评价，立体化评价贯穿语言学习的各个输入输出阶段。它包括课前、课上、课后三个阶段评价，其中有学生自我评价、学生间相互评价、教师评价、网络学习评价。既有对学生学习结果的评价，也包含对学生学习能力、学习过程、学习策略、小组合作交流等内容的评价。评价的最终目的不是考核学生的学习优劣，而是帮助教师了解学生，调整教学策略，给学生及时的指导，激励学生的学习动力，激发学生自觉输入、输出语言的积极性。

以往的视听说教学往往注重语言输入，忽略语言输出，即注重视听练习而忽略了说的练习，学生开口说话的信心和能力不能得到明显提高。基于网络多媒体的英语视听说主题式教学能够吸纳形形色色的教学内容，增强学生学习兴趣，提高学习效果，尤其是学生理解输入的语言材料，就给定话题表达个人观点等方面的语言输出能力。当然，学生听说能力的提高是一个较长的过程，多媒体技术和网络只是提供了较好的硬件条件，与学生听说技能提高没有直接的因果关系。教师应该继续发挥主导作用，监督引导学生积极利用网络资源，充分发挥网络多媒体技术的优势，提高学生的听说能力。

第三节　大学英语机考与英语听说教学

教育部颁发的《大学英语课程教学要求（试行）》明确指出："大学英语的教学目标是培养学生的英语综合应用能力，特别是听说能力，使他们在今后工作和社会交往中能用英语有效地进行口头和书面的信息交流。"在以往的大学英语教学过程中，由于受教学模式、教学方法、评估体系、教学设备等的影响，教师对培养学生的听说能力重视不够。另外，受考试指挥棒的影响，学生本身对提高听说能力的兴趣不高，因此总体而言学生的听说能力相对薄弱。为了改变这种现状，切实贯彻实施教育部的《课程教学要求》，我校对提高大学生英语听说能力做了一些尝试：增加听说课的课堂教学时间，以弥补传统课堂听说训练的不足；要求学生借助网络和多媒体进行自主听说训练；利用多媒体进行大学英语听说机考。

一、大学英语机考的优势与不足

大学英语机考的优势如下：从考试内容来看，以听力为纲，以口语为特色，更注重考查学生英语综合应用能力。"欧洲语言能力共同参考框架"将语言交际活动归纳为五大类，分别是：语言输出，即口头表达和笔头表达；语言输入，即听力理解、阅读理解和视听能力；互动活动，即口头互动和笔头互动；中介活动，即口译和笔译；非语言交际，如手势和动作。与传统的纸笔测试相比，机考在这五类语言交际活动的结合度上做得更好，特别是提供了形式多样、内容丰富的模拟语言交际活动，在视听说方面有很大突破，注重考查学生的英语综合应用能力。

从考试形式来看，更注重测试的真实性和情境性，突出以人为本的理念。Bachman 指出："语言测试的真实性指目标语言使用任务特征与测试任务特征的一致程度"。从机考的选材来看，材料主要来源于 BBC、VOA、CCTV-9 等媒介，这些素材反映了人们日常生活中的一些场景，也是考生在现实生活中发生或未来工作和学习中可能遇到的情况。从考查的手段来看，与纸笔测试相比，机考改变了过去单一音频测试的方式，使单一的听力考试变为视听考试，充分利用音频、视频和图片为一体的多维立体信息形式形象生动地再现了现实生活中的各种交际场景，唤起了考生视觉与听觉的有机结合，给考生以身临其境的感觉，能较真实地反映考生在常态下的英语实际应用能力。

大学英语机考存在的主要问题如下：试题库建设：语言测试的题库不同于一般的数据库，绝不仅仅是若干试题的简单组合。试题库中的试题不仅要考虑题目的难度值，还需考虑区分度以及答案的可猜测度，题库建设是一项系统工程，是实现机考的先决条件。目前，我校机考试题库建设还有待提高。

设备问题：机考对软、硬件设备都有较高的要求（如电脑、声卡、麦克风、显示器分辨率等），评分系统也需不断完善，随着评分系统的完善，测试题型的综合性才能越来越强，测试精度才能提高。

二、大学英语听说教学改革

（一）夯实英语基础知识

听说教学要抓好语音关，使听说结合。学好音标是学好英语的前提条件，对未来的英语学习也是一件一劳永逸的事情。听力教学不能仅仅局限在听的环节，应让学生围绕听的材料说，使听、说有机结合，相互促进。另外，学生要广泛阅读，扩大词汇量，通过阅读了解英语国家的人文、地理、历史、传说等方面的知识，养成不同场景接触不同词汇、全方位感知的习惯。

（二）采用互动教学模式

互动式教学模式以充分调动学生的主观能动性为基础，大力培养学生的自主学习能力。同时，充分调动一切教育资源，在生生之间、师生之间、课内与课外之间、学校与社区之间建立起立体、多维、互动的关系，使学生由被动地接受知识变为主动地接受知识。这一教学方法的原理在于建立从不同侧面围绕学生感兴趣并能引起思考的共同主题，并在这一主题下把听、说、读、写、译等语言活动有机地组合起来。

（三）培养学生的良好心态

在日常听说教学中，教师可以采取多种方式创设轻松的课堂环境。比如，在上课之前，放一些旋律优美的英文歌曲，这样可很自然地把学生带入美妙的英语世界。教学方式多样化能帮助学生克服听力疲倦，提高课堂参与效果。此外，教师应选择一些知识性和趣味性相结合的并稍高于学生能力的材料，调动学生的兴趣，激发学生的积极性。

听说是大学英语教学的一个重要目标之一，也是大学英语教学的基础。但是听说教学也是大学英语教学的一个相当薄弱的环节。要改变这种状态，大学英语教师要不断学习，扩充与听说教学有关的知识，总结、积累有效的新型教学方式和策略，提高学生的综合听力理解能力。听说水平的提高不是一朝一夕的事情，除了教师的指导，更需要学生多方面地努力。合理有效地进行教与学，教师和学生一起努力，才能实现大学英语听力的教学目标。

第四节 大学英语听说应用能力培养

　　教育部颁发的《大学英语课程教学要求》明确指出，高校在学生英语能力培养上的教学目标是必须培养学生英语综合应用能力，特别要注重学生听说能力的培养，当学生从事工作和进行社会交往时，能够用英语顺利进行口头和书面沟通与交流。由此引发了各高校在课程设置及教学模式等方面的一系列大学英语教学改革。2012年黑龙江科技大学定位为应用型本科院校，本科生培养方案充分考虑到英语应用能力培养的要求，教学理念转变为以学生为中心，教学模式更加倾向于个性化、合作化、自主化、网络化、立体化。在教学实践中，尤其注重学生听说能力的培养，借助网络和多媒体从创设教学情景入手，强化基础知识及文化知识背景的输入，进而通过教学中采取师生、生生共同参与交互活动的方式让学生完成主题任务，实现体验式的知识输出，使学生在教师的指导下和同学的协助下，建构自己的知识体系，突出网络条件下的个性化、自主化学习，从而达到提高学生英语综合应用能力的目的。

一、网络条件下听说应用能力培养策略

　　多媒体与网络以其灵活性、开放性、交互性、迁移性与实用性等特点，成为大学英语教学的强有力的实战工具。借助网络与多媒体设备可以将听、说、读、写、译等学习内容与语言应用有机结合在一起，让学生既在实际运用中学习了基础知识，又在实践操作过程中综合自己对英语语言知识的理解，提高英语应用能力。网络极大地丰富了语言学习的范围，使学生从只注重语言本身，转移到注重语言学习和语言应用，培养创新能力，网络也使教学内容化静为动、化抽象为具体，优化了外语教学的学习环境。

　　（1）利用网络素材，加强听说基本功训练，提高学生听说应用能力。外语教学的目标是社会文化能力，包括语言能力、语用能力及扬弃贯通能力（理解能力、评价能力和整合能力）。语言学习能力提高的关键是听力能力的提高，听力的作用是增加语言输入与储备，在英语教学过程中，要注重语言的输入，注重培养学生的听力理解能力，才能从根本上提高学生的语言综合能力，促进学生在交际过程中运用语言的能力。教师借助网络挑选相应的课内课外听力材料，布置听、说、写练习任务，使听力材料内化为学生的可理解性输出，提高英语听辨能力，创造良好的语言环境，课内、课外交流时，循序渐进地由"中英双语"向"全英"转变。同时要注重学生英语口语练习的准确性和流利性，引导学生发音准确、流利，依托网络，给学生提供原声视频等，让学生置身于情景主题下，进行交流、讨论、辩论，教师给予修正、补充，使学生能够多角度看待和分析问题，提升其英语应用能力。

　　（2）运用多媒体网络下的各种教学模式，强化学生应用能力培养。任务型教学模式：

采用以学生为中心、教师为指导、任务为目标的教学方法，加强学生的语言实践，教师根据授课内容，把课堂变成具体的语言模拟实践场所，教学互动。充分利用现代化的教学辅助手段，提前给学生布置课内课外任务，采用互动式教学方法，如小组讨论、双人对话、模拟活动、表演等方式。课堂上组织学生进行各种听说交际活动，围绕主题展开讨论和辩论，根据任务主题进行演讲、游戏、PPT 展示、短剧表演等。在课堂教学中，教师的角色由传统的知识灌输者转变为任务引导者，学生的角色由被动接受者转变为主动参与者，发挥学生的主观能动性，这种由教师为中心向学生为中心的任务型教学模式的转变有助于学生的自主学习意识，提高学生的语言实践能力。

体验教学模式：强调英语学习是一种体验，提倡在体验中学习，将学生置于语言教学的中心，教师有目的地创设教学情境，引导学生通过合作式学习，与其他学习者之间的交流和分享学习体验，进行反思、总结，亲自去感知、领悟知识、提升能力。体验教学模式借助多媒体辅助教学，由教师创设体验情境的主题，通过角色扮演，使学生直接感受目的语的语言和文化，激发学生的学习兴趣和潜能，从而引导学生对语言的整体理解和运用，采取小组合作学习，合作完成任务的方式。具体实践中所使用的主要教学方法有传统讲授法、案例分析法、情景模拟法、文化探究法等。体验式英语教学的课程设置注重培养表达能力，主要特征是学生主体、亲身经历、全程参与、个体感受和意义内化，体验式教学以学生为中心，以任务为基础，学生通过具体体验来发现语言使用原则并应用到实际交流中。

自主学习模式：利用网络自主学习系统从多层面、多角度对学生进行听力、口语能力的培养。规定学生必须完成的内容和进度，教师通过后台进行线上管理和答疑辅导。开设英语角和英语空中大讲堂加强课外辅助学习，给学生提供更多的语言实践机会，提高学生语言综合应用能力。

二、改革评估体系，加强语言综合应用能力考核

在成绩评定中加大形成性评价比例，占学生总评成绩的 40%，强调评估的过程，改变了测试作为外语教学评估的主要手段。形成性评价由课内、课外成绩构成，课内教学活动评价包括出勤、课堂表现、听说测试、平时测验，课外活动评价分别由作业、网络自学、英语角组成。教师多角度、多手段评估学生学习情况，对学生英语学习的全过程进行监督和管理，从而综合评定学生的英语学习成绩，充分考核学生的英语综合应用能力。

在以培养学生实践能力和创新能力为主的应用型本科院校，大学生的英语实践能力中听说能力最为基础和必要，加强网络条件下听说能力的教学，对培养具有创新精神和创新能力的高素质人才、提高课程教学质量具有重要的意义。

第五节 网络即时通讯与大学英语听说教学

随着社会发展及改革的不断深入、教育现代化技术的迅猛发展,多媒体网络教学已经成为现代教育不可或缺的一部分,在大学英语听说教学中同样起着重要的作用。2004 年,教育部颁发了《大学英语课程教学要求》,其中心是把教学的目标从阅读教学转移到"培养学生英语综合应用能力,特别是听说能力"上来,并强调必须"增强学生自主学习能力"。由于大学英语教学改革取得初步成效,四、六级考试在 2005 年开始采用新的计分和成绩报告方式,宣告考试改革的正式开始。在考试内容和形式上,改革突出了听力分值的增加,由此对大学英语教学产生了重大的影响。随着大学英语四、六级考试改革的深入,2009年的全国 180 所试点高校,四、六级考试机考已是大势所趋。为了适应国际社会对人才的要求,大学英语的教学方式应该进行更大的调整。同时,考试改革的内容指明了一个方向,就是强调英语教学应该以学生为中心,以培养学生的英语听、说能力为主。然而现实表明,由于传统的英语听力教学模式和以听力课为背景的听力理解研究滞后,英语听说对于众多大学生来说,仍然是学习及测试中最困难的部分。在网络环境下,教师恰到好处地使用即时通讯软件,充分利用这一媒体的特点,能为学生学习创造一个相对真实的语言环境,同时能够自由充分地与学生进行沟通交流,改变"填鸭式"的传统教学模式,可以在很大程度上避免单纯教授语言知识,根据学生的具体水平和学习生活环境,在交流的过程中发展听说能力、思维能力甚至交际能力,从而达到真正意义上的语言习得。

一、网络即时通讯软件的特点

即时通讯是指能够即时发送和接收互联网消息等的业务。自 1998 年面世以来,即时通讯的功能日益丰富,逐渐集成了电子邮件、博客、音乐、电视、游戏和搜索等多种功能,是集交流、资讯、娱乐、搜索、办公协作等为一体的综合化信息平台。即时通讯不同于 E-mail之处在于它的交谈是即时的。即时通讯允许两人或多人使用网路即时的传递文字讯息、档案、语音与视频交流。在即时通讯的众多应用形式中,QQ 无疑是受众面最广、最受青年学生欢迎的一种。QQ 除了能加强网络之间的信息沟通外,通过文字、语音、视频、文件的信息交流与互动,不但可以成为师生间的沟通工具,QQ 群更是进行教学、学习交流的有力平台。

总的来说,QQ 及 QQ 群具有以下特点。

(一)操作简单方便

相对于传统的个人主页、教学课件或是教学网站而言,QQ 及 QQ 群的优势在于简单、快速、免费和易用。可以说,目前几乎所有的大学生都拥有 QQ 号码,也经常会利用这个工具与同学和老师交流。建立一个学习交流 QQ 群也不需要烦琐的申请，技术的简化使得这一切都极为简单方便。

（二）平台资源共享性强

QQ 群空间一个重要的作用就是可以提高信息整合量，以期达到最大限度的资源共享。不仅是群创建者，其他成员也可以将文章、音频或者视频发布在群空间里，供浏览者观看、下载从而达到资源共享的目的。

（三）沟通实时同步，互动效果明显

QQ 群的任何成员只要愿意设置接收消息，都可以在线与其他人随时进行交流互动，同时，他们可以就空间里的任何有关英语学习的信息进行探讨。教师作为创建者更应该积极回应并表达对学生的关注，从而实现师生间的良好互动。

二、网络即时通讯软件在大学英语听说教学中的具体运用

根据前面所提到的即时通讯软件——QQ 的特点，网络即时通讯软件在大学英语听说教学中的应用有助于学生得到同等的锻炼语言的机会，从而提高学习兴趣、建立学习信心，是一种有效的教学手段。其具体运用表现如下：

（一）介绍听力技巧

根据笔者自身的教学经验，很多学生刚接触大学听说课时往往都有着浓厚的兴趣，四、六级考试和就业的要求也促使他们对于听说非常重视。但由于缺乏一定的听力技巧，即便他们花很多工夫去听录音、看视频，效果却并不显著，其不良后果扼杀了他们的学习兴趣，使其失去学习英语的信心。教师在 QQ 群上介绍一些听力技巧会有助于学生提高学习效率。比如，告诉学生要学会听前预猜，即从选择项内容猜测该段对话或短文要涉及的内容，如说话人的关系、身份、场合，等等，这样就可以缩小信息范围。而抓关键词、关键句和信号词则有助于理解文章的结构大意。

（二）提供听力材料

对于非英语专业学生来说，每周一次的听力课所能接触到的语言输入是远远不够的。尽管学生如今可以便捷地利用网络获取信息，但仍然需要教师给予适当的引导。教师可以在群空间贴上一些对英语学习有帮助的网站链接并简单介绍以帮助学生更好地选择对自己有益的信息。此外，教师还可以把符合学生水平、与他们生活息息相关、能吸引其兴趣的听力材料和四、六级考试真题上传到群共享里，供学生下载收听练习。

（三）介绍背景知识

上听说课时，往往会碰见这样的问题。对于每个单元的主题，总有学生不大了解，无法进行讨论，因此兴趣不高。长此以往，会造成他们失去说的兴趣甚至对听说课产生厌恶感。那么，教师就可以在课前在 QQ 群里对下一课的主题做介绍，发布与主题相关的文章，

让学生事先阅读，增强他们对文化背景知识的了解，让他们有话可说，同时通过阅读不同的文章开阔视野和思维。为了满足学生口语沟通的需要，教师还可以在帖子上给学生提供地道的口语表达法。通过 Everyday English 的方式，每天一帖，每帖展示两三个句子或者三四个俚语习语的用法，这样日积月累，便增加了学生的词汇量。词汇量提高了，学生的听、说、读、写能力才能够得到提高。

除此之外，在日常交流和回复评论帖子时，要求学生尽量用英语表达，无须担心准确性，教师对于每一个回复都尽可能给予回应，以此增强师生间的交流，还增加了学生运用语言的机会。表面上看来，这一切都是基于书面的交流，但是由于交流中的非正式性和网络语言的随意性，学生的实际生活口语会话能力必然也能得到提高。

网络即时通讯软件能随时随地为学生提供丰富多样的语言材料、真实生动的语言交际情景，在很大程度上优化了外语教学资源与环境，提高了个人学习效率，增强了教学效果，对于大学英语听说能力的培养起到了积极的促进作用。对于教师自身素质也提出了更高的要求。只有把网络技术与传统的教学手段恰当地结合起来，各取所长、互相补充，才能最大限度地增强教学效果。

第六节　网络与大学英语听说作业设计和评价

教育部《大学英语教学指南（试行）》（2017）（简称"指南"）指出，大学英语的教学目标是培养学生的英语应用能力，增强跨文化交际意识和交际能力，同时发展自主学习能力，提高综合文化素养，使他们在学习、生活、社会交往和未来工作中能够有效地使用英语，满足国家、社会、学校和个人发展的需要。为了实现这一目标，近年来，大学英语从教材到课程的设置等方面都有了明显的改变；但作业作为反馈的重要形式之一，确鲜有提及如何改进其设计形式和评价方式。特别是当下，全国的大学英语课程的学分都在压缩。很显然，课时的不断减少压缩了学生在课堂上学习的时间，那么课后作业就应当受到重视，以弥补课时的不足。所以，我们可以通过作业的布置培养学生良好的自主学习习惯和综合运用语言的能力，根据学生的特点设计出多元的、开放式的作业，并结合网络使其内容更加丰富、有趣，评价也更加多维、客观。

一、大学英语听说作业设计和评价的现状分析

（一）大学英语听说作业设计形式的现状分析

互联网的发展给今天的大学英语听说作业设计带来许多便利：信息获取的渠道更多，收发作业形式的选择也更多。但是，作业的现状却不尽如人意，未能发挥其对教学的反思和促进作用。笔者对相关话题进行了搜索和整理，发现对大学英语作业的研究论文和期刊

甚少，为数不多的也极少就听说方面进行研究。但可以明确的是不管是何种类型的作业，作业设计现状都包含以下几个方面的不足：其一，作业内容单一、乏味，设计随意。唐姬霞认为，由于缺乏有力的理论指导，教学目标不明确，导致布置作业的内容和形式单一，不能真正提高学生的学习自主性和调动学生学习的兴趣；金怀梅认为，由于教师教学、科研压力大、工作烦琐等原因，使得教师没有足够的时间和精力科学地设计作业，只是一味地让学生完成课后练习。其二，书面作业多，实践性作业过少。教师过分重视识记能力的考查，而忽视了对学生理解、分析、综合应用等多种能力的培养。其三，独立完成作业多，合作完成作业少。此外，李静发现，多数教师布置作业匆忙，导致学生无法领悟作业与上课内容的联系。

（二）大学英语听说作业评价方式的现状分析

首先，批改作业是教学中不可缺少的重要环节，通过作业的批改，教师可以掌握学生的学习情况，并对自身的教学进行反思和改进。可以说作业是在弥补大学英语大班教学的效果不理想情况下，教师与学生之间沟通的重要方式之一。但实际情况是批改作业占据了教师大量的时间；学生对老师批改回来的作业也不能认真地对待，几乎零反馈；而且许多老师没有足够的时间及时批改作业。其次，作业批语就是教师情感输出的重要载体，它体现教师对学生作业的意见和态度，体现了教师对学生学习成果的认可或否定。而目前大多数教师因为时间的紧迫和批改量较多，批语普遍比较单一，缺乏生动性。并且，大多数教师对作业的评价比较传统，以教师为主导，学生处于被动的地位。

二、互联网环境下大学英语听说作业设计形式的革新

网络环境给大学英语听说作业带了许多新颖的元素，我们可以让学生使用电脑或手机完成作业，也可以利用网络与教师和其他同学进行探讨。本节中，笔者将从教师备课、给学生设计预习、课中和课后作业四个方面探讨利用网络环境改进大学英语听说作业的设计和布置。

（一）利用网络环境改进教师备课

为了避免作业布置的随意性，教师在备课时应精心设计作业这一环节，在课上留下合适的时间让学生完全听懂所要做的作业和要求，从而让学生认识到作业的重要性，增强作业的有效度。因此，教师需要提前完成作业的设计，仔细揣摩，设计出适合当下学生的作业。如今，基于网络的便利，笔者一般都会在每一新学期的第一周以电子邮件的方式给学生发送一份本学期作业内容进度表，学生需要根据此进度表在规定时间内完成并发送作业。有了这份进度表，学生可以在学期初就对本学期需要完成的作业有了大概的认识，也就会减少学生在课上来不及抄录作业要求或听不懂作业内容的问题。

（二）利用网络环境改进课前预习作业设计

以往的听说课程的预习作业以预习即将学习的单元中的单词为主，或是教师简单地要求学生预习单元的话题等。这两种方式均过于单一或目标不明确，实际情况中教师也很难掌握学生的预习情况。因此，明确目标、细化要求的预习任务是十分必要的。人获取各种信息中有 83% 的信息是通过视觉获得。网络以有声语言和文字说明，图、像、文、声并茂，容易吸引学生的兴趣完成作业。以笔者教授的课程教程《新视野大学英语听说教程》（第二版）（第二册)Unit 7 What's in fashion？为例，笔者给学生布置的预习作业中关于单词的部分涉及两个方面：一是搜集表达"时尚的"的单词或短句、如何形容某人"有气质""会打扮"等；二是搜集关于不同类型的"衣服""裤子""裙子"等的表达；关于话题分享方面的部分是要求学生分享一位自己心目中时尚的人，并附上照片，以供课堂讨论。单词的预习作业设计的初衷是帮助学生通过网络增加意思相近的单词的储量，使他们在课堂中能及时运用新的单词参与课堂讨论。除了单词的预习，观看相关视频的预习作业也是不错的选择。同样以笔者所教授的课程教材《新视野大学英语听说教程》第二版（第三册）Unit 9 What mode of travel do you prefer？为例，根据单元中关于"中国高速铁路、高速火车"这一话题，笔者在网上搜索了许多纪录片，最终锁定 Tales From Modern China《你所不知道的中国》第一集)作为学生的预习作业。原因有三：一是需要考虑学生的知识水平、语速、语音、所选的词汇是否多数学生不看字幕或仅看英文字幕就能看懂；二是所选的视频内容所拍摄的时间最好是与当下接近的，符合中国高铁发展近况的；三是视频的资源应当丰富，是方便学生自己通过名字进行搜索的。

（三）利用网络环境改进课堂作业设计

课堂作业的功能可以表现在两个方面：一是对预习作业的检验和延伸，使学生在课堂中通过自学学习的新的知识；二是对课堂内容的复习或提升，使学生能够更深入地思考相关话题，分享自己的观点。首先需要说明的是，虽然笔者所教授的是听说课程，但这并不局限作业的形式必须是听力或口语练习。例如笔者在教授《新视野大学英语听说教程》（第二版）（第四册)Unit 2 Beauty can be bought 之前给学生提供了两部来自 BBC 的纪录片 Plastic Surgery Capital of the World《世界整容之都》和 The Secret of South America：Extreme Beauty Queens《南美洲的秘密：选美皇后》作为预习作业，并在课堂上所有的听力练习和口语练习完成后，笔者给学生布置了五分钟的写作任务，即要求学生在五分钟内写出不超过 50 个字的关于"美是什么"的定义句。通过此次课堂作业，教师发现大多数学生都能主动运用本单元所学的新的词汇和其他表达，描述定义的出发点也不再像课程之初预热环节的"头脑风暴"中表述得那么片面，更有部分学生能够发表一些富有哲理、发人思考的观点。

其次，积极利用手机等移动设备融入课堂作业也是一种新鲜的尝试。作为（Digital Natives）"数字原住民"的"80 后"甚至更年轻的一代人，一出生就面临着一个无所不在的网络世界，对于他们而言，网络就是他们的生活，数字化生存就是他们从小就开始的生活方式。因此，这一代人获取信息的主要渠道是网络，解决作业中遇到的难题也更倾向于选择"百度"等搜索引擎。根据这一特点，笔者在教授《新视野大学英语听说教程》（第二版）（第四册）Unit 8 Is Biotechnology Our Friend Or Enemy？单元中关于"克隆"这一话题时，要求学生以组为单位，在 5 ~ 8 分钟内"百度"一番"克隆羊多莉"的信息，并选派一位组员代表口头回答教师预留的问题。笔者设计这一课堂作业的出发点是基于教材的练习内容属于说明文性质，比较枯燥。试想如果从某一著名的案例出发，以点带面是否能够提高学生的参与度？从课堂的反馈来看，是达到了预期效果的。而且通过对网络信息的检索、筛选到学生自己的知识消化、再到口头陈述，本身就是对学生自学的一种训练方式，符合当下学生的学习习惯。

（四）利用网络环境改进课后作业设计

自从电子邮件、QQ 广泛运用于教学特别是作业的收发，网络在作业布置中的作用越发重要。但是，简单的利用网络收发作业仅仅是将书面作业转变为电子作业，换汤不换药，没有什么实际的效果。如果能够合理地利用网络资源和技术改进课后作业的设计和反馈，就可以延伸作业的实效性，甚至提高学生的学习参与度，并起到一定的监管作用。

1. 利用网络环境辅助口语训练

大学英语大班教学的无奈造成了课堂口语训练时间严重不足、学生参与度低、缺乏主动性等现实情况。英语听说资源虽已数字化，但是缺乏组织性、系统性。任何语言的学习都不能缺少语言环境和交际，因此利用网络环境辅助口语训练是解决这一问题的有效途径之一。

例如，笔者在教授大学一年级新生的第一堂课往往是复习音标和训练学生容易混淆的发音等练习。课后，笔者以班级为单位建立了若干 QQ 群，发表了课上列举的所有易混淆的发音练习题，并利用网络在线美音或英音的识读软件提前录制了这些发音，同时准备了三种类型的课后作业：易混淆单词发音练习、句子发音练习和一段较长的段落或英文绕口令。学生在完成模仿练习后，可以根据自身情况选择其中一种课后作业或完成所有类型的课后作业，并录音分享到群里或与教师私聊。通过这次作业，学生可以找出自己与标准发音之间的差异，不断地自我纠正，克服因母语或地方口音带来的困扰。同时，笔者发现虽然第三种类型的英语绕口令较长，但是选择完成这一类型作业的学生占了很大的比例。从中我们可以看出有趣的、学生能够自己选择的作业对于培养学生的自信心是很有帮助的。

2. 利用网络环境促进师生协同合作

我们可以利用网络技术促进师生之间的合作，并有效地监管学生课后作业的完成情况。如今，微信或 QQ 都可以通过手机登录操作，这也为教师监督学生的课后作业带来了便利。比如，笔者在教授《新视野大学英语听说教程》（第二版）（第四册）Unit 2 Beauty canbe bought 时，设计了一份小组课堂展示（OralPresentation）的课后作业。此作业要求学生通过调查问卷的方式进行，调查问卷分为客观题（20~25题）和主观题（1-2题）两部分，客观题需使用李克特量表方法，并回收有效问卷至少30份。学生根据调查问卷的结果制作一份PowerPoint研究报告，报告要求时间在5分钟左右。每一阶段完成后，都需要及时将这一阶段的作业传给教师，教师根据作业情况给予反馈，完成此次作业总共需要三周。所有作业中遇到的任何问题，学生都可以在群里和教师直接沟通。比如，有的学生会问使用李克特量表方法，为什么设计的问题一定是陈述句？这说明学生并没有理解什么是李克特量表方法，也没有上网搜索相关信息。从这一问题，教师可知该生没有理解作业要求，也缺乏自学的主动性；再如有的学生会问课堂展示时间可否延长至8～10分钟？因为他们试讲后发现时间严重不足。从这一问题，教师可知这部分学生的研究报告内容可能涉及范围较广，未能就某一点引发深入的思考，或是文案描写过于细致，缺乏归纳的能力。种种问题教师都可以通过手机做出及时的反馈，并给出合理的建议。除了小组课堂展示作业，笔者还曾设计过小组录制微视频的作业。同样地，教师在此过程中仅仅充当引导者和学生是否达到小组要求等的监督者。学生作为作业的主体，需要进行多角色的扮演，并充分与组内其他成员进行沟通交流才能共同完成此次作业，同时也是每个组员个性化的聚集。因此，让教师参与学生的作业，不仅保证了作业的质量，还增进了师生之间的情感沟通，网络的便利正使得这种方式更及时、有效，课堂气氛也会随之变得活跃起来。

3.利用网络环境辅助学生自主学习

大学生自主学习能力不足始终是影响学生学习效果的关键因素之一，如何利用网络环境辅助学生自主学习是笔者认为值得思考的问题。同样以口语训练为例，缺乏英语学习情境是学生口头表达能力较差的主要原因。尽管网络为学生提供了各种各样丰富的语音或视频资料，但是由于学生缺乏筛选和判断的能力，自学的效果并不明显。这就需要教师设计不同难度的自学作业，帮助学生逐渐养成自主学习的能力。例如，模仿被认为是最好的口语训练方式之一，笔者就根据模仿的难易程度给学生布置了三种阶梯难度的作业。第一级：要求学生在听完某一短句或长句之后直接复述原句；第二级：要求学生在听完某一句子或段落后根据时态要求复述原句；第三级：要求学生在听完某一段落或短文后总结复述。同时，在完成以上要求后，可以不看原文，仅靠听进行复述。学生依然可以根据自己的口语水平选择适合自己的作业，一段时间后，教师将根据学生的作业情况，为学生安排下一等级的自主学习内容。

四、网络环境下大学英语听说作业评价模式的革新

通常，课堂评价的主体是教师，学生很少有机会参与进来。如今，网络和手机的发展为我们搭建了很好的平台，只要合理使用，就可以最大化地发挥其强大的功能。例如上文提到的写一句定义的课堂作业，笔者根据学生的作业情况，从中选出了10～15句立意新颖、表述清楚、没有语法错误的句子（均以匿名方式呈现），录入至"问卷星"的投票工具，

在下一节课之初，学生通过手机扫描二维码，进行投票，票数排名前三位的学生可获得平时分的加分，并分享自己是如何完成这一定义的。在这一评价设计中，教师作为把关者，对提供的评价内容进行了筛选，保证了内容的质量；而学生作为评价的主体，积极参与到评价环节，学生的表现是积极的、投入的、认真的；排名前三位的学生通过阐述如何写出这一定义句，表达了自己的写作思路，也锻炼了口语能力。

此外，利用网络将学生自评或互评的成绩纳入作业评价也是一种新鲜的尝试。作为已成年的大学生，对自我缺乏独立的批判意识，只是习惯于被动地接受教师的评价，笔者认为这是不利于自我认知发展的。通过自评或互评，评判双方在认知上的差异就会显现出来，这些差异就是重新构建自我认知、不断发展完善的有效途径。例如，笔者给学生布置课堂展示作业（O-ral Presentation）时，会提供一份评分标准，以便学生了解教学要求。课堂展示作业开始前，教师已将评分标准表和细则录入"问卷星"，在每一小组课堂展示作业（Oral Presentation）结束时，使用手机对自己所在小组和其他小组进行评分，并给出相应的评语。所有的评分和评语都是公开的，可供所有学生随时查阅。选择利用网络而不是直接让学生进行口头评价的出发点如下：①相较于面对面地指出对方的优缺点，网络环境下成长的一代更喜欢通过网络发表观点，而且往往语言更加犀利；②学生查阅互评的结果是匿名的，即使有的语言过于有针对性，学生也不知道评价者是谁，能够保护学生免受情感伤害；③大学一、二年级的学生仍处于学习阶段，相较于近年来流行的慕课（MOOC）的学员，他们是缺乏阅历和经验的，面对面的口头评价获得的价值反馈并不高。

总之，不论利用何种网络技术让学生参与评价的方式都与教学理念中倡导的以学生为主体，学生不仅是学习的主体，也是评价的主体的理念相符的。同时，在一定程度上体现了个别照顾和个性化的教学思想。

五、需要注意的问题与建议

不论是对大学英语听说作业的创新设计还是评价，在实际操作中都会遇到这样或那样的问题，教师需要及时解决问题并不断反思，改进同类作业的再设计。但是，设计的初衷还是应当坚持的。

（一）紧跟时代发展，选材贴近学生生活，且不局限于教材的内容

笔者所教授的《新视野大学英语视听说综合教程》（第二版）已是 7 年前出版发行的教材，某些话题设计的练习内容也相对比较陈旧，或是这几套教材之间的部分话题有重叠性。这时，就需要教师适当补充适合的材料，激发学生的学习热情。例如第四册第 7 单元 What shall we do when there's nothing to do？的听力练习主要围绕室内和室外休闲运动，两篇内容提及了旅游。这与之前的话题略有重复。笔者在之后的练习中发现有一篇听力材料说的是沉迷于网络或游戏的话题，于是就从这一切入点，与学生分享了"如何在游戏中学习英语""如何平衡网络世界与现实生活的关系"的通识教育话题，课堂的反馈十分理想，达到了笔者的预期。

（二）布置作业的目的除了用于检测学生的识记能力，更应当承担引导学生掌握一些学术研究能力的功能，并兼备实用性

例如，笔者布置的小组课堂展示作业需要学生完成三个阶段的作业，即设计调查问卷、发放回收统计结果、制作 PowerPoint 和课堂展示。而设计调查问卷时要求学生遵守的李克特量表方法就是目前调查研究中使用最广泛的量表。在收集完数据后，还需要使用 SPSS 数据分析软件对结果进行统计分析，所有这些过程很可能在学生将来撰写毕业论文的时候会再次经历。幸运的是，网络的发达已经不需要我们学会使用 SPSS 数据分析软件，有的网站已经提供了这项服务。第三阶段的课堂展示（口头报告）无疑是当今社会各类企业较为喜欢使用的一种成果展示的形式，而将调查问卷分析与其相结合，笔者认为也是对学生今后工作的一种预演。

（三）评价形式多元化，评价设计标准化

无论是师生共同参与评价、学生自评或互评，都应该有一份非常明确的、细致的评价设计。评价表应当同作业一起发送给学生，并做好清晰的解释，让学生明确作业要求和评价标准，使学生可以根据评价标准规范自身或他人的作业，以期提高作业的质量。

（四）网络监管需要教师的坚持与投入，保证适当的监管频率

笔者认为，网络监督也是评价学生作业和自我反思的一种手段，只是这会占用许多教师额外的时间和精力，需要教师具备奉献精神。在实际操作中，笔者认为教师可以设置具体的时间段，不在某一时间段内的提问可以不予回答。

诚然，大学英语课程是高校传播通识教育的重要阵地之一，在大学英语通识教育过程中，要想设计一份优质的听说作业或全面、客观的评价绝非易事，需要教师更多的付出。互联网的发展在为我们提供便利的同时，也提供了更多的选择和挑战，如何利用互联网融入大学英语听说作业的设计和评价是我们当代教师需要思考的问题。本节仅就笔者近几年的尝试提出了一些思考和建议，尚不完善，仍需要在实践中不断摸索、逐步改进。

第六章 教学方法

第一节 大学英语教学方法的创新

大学英语作为高等教育中重要的课程，是大学教育发展的重要组成部分，对于学生英语学习能力的进一步深入和提高起着至关重要的作用。但是教学效果的好坏与教学方法的应用关系十分密切，并发挥着特殊的作用。在当前大学英语教学的背景下，传统的教学方法已经无法适应当前时代的发展和社会需要，因此必须建立一整套创新的教学模式。本节从当前大学英语教学方法的创新改革的必要性出发，对当前教学中存在的问题和不足进行了分析，得出运用互动式教学方法、肢体语言教学方法、角色扮演的教学方法等进行大学英语教学方法的创新对策建议。

在大学英语传统的教学方法中，其宝贵的经验和方法虽然也能以一定的方式进行，也可以助推当下的教学课程改革，但如何将创新的传统教学方法融入日常的课程中去，是当前许多高校需要面临和解决的重要一环，也是能否进一步深入开展大学英语教学的重难点，打破长期以来英语学科高等教育的瓶颈和桎梏，需要我们处在一线的老师从一个全新、全面、辩证的视角去看待，从而促进高校以更加科学的态度发展大学英语，满足大学英语课程教学的需要。

一、创新当前大学英语课堂教学方法的必要性

（1）改革课堂教学方法对推动网络化教学的模式至关重要。对于网络化教学模式的应用，目前在许多高校的教学中还都在慢慢兴起的状态，远远谈不上普及的程度，主要表现在两个方面：一是在国内的高校中，由于客观的原因，相当一部分高校在财政上捉襟见肘，所以没法实现网络化教学的全面覆盖；二是网络化教学的真正意义已经引起广大高校的重视，但是目前正处于试错和不成熟的阶段，对于高校来说还没有一个整套的固定模式可以为自己所用。此外，传统的教学方法并非一无是处，将其与现阶段的先进学习方法相结合是十分必要和可取的。

（2）教学方法的选择是保障教学质量的关键因素。先进的教学模式和教学方法离不开教师的灵活运用，因为不管是方法、模式还是内容手段都是人为创造出来的，最终也是靠

人为来进行操作和实践的。即使多媒体的教学方式，通过网络、课件的演示等呈现出来好的内容，但是终究只是一种教学的辅助工具，永远不能代替人为的因素。有这样一种说法，"随着互联网技术的发展，教师将在不久的将来失去工作"，笔者认为这是十分荒谬的。鉴于此，我们应该不过分迷信、盲目依靠先进的教学方法，采用既有的教学方法或教学手段，结合上网络教学的特点，重视发挥教师作为教学的引导者、组织者的重要作用。先进的教学设备不是决定教学质量的重要因素，如果不当使用，不仅不会起到辅助和促进作用，还有可能干扰到课堂教学，使学生抓不到课堂内容的重点，使先进的技术流于形式。因此，通过探索和实践不断改革教学方法，充分发挥教师的主导作用，同时体现学生的主体地位，才是提高教学质量的关键。

（3）课堂上的互动和语言训练，才是大学英语课程的内在要求和本质。通过进行方法上的创新，在课堂上进行互动和语言上的训练，从课程性质的角度出发，是十分必要的。大学英语教学的目的是使学生掌握英语的基本交际能力，在听、说、读、写、译五个方面进行全方位的提高，具备了这些能力，尤其是听、说能力的掌握，才能够真正将英语应用到日常的生活和工作中。因此，这意味着教师必须在课堂上通过与学生之间的频繁互动，在课堂的教学过程中实现英语交际的教学，训练学生的语言技能，让学生在反复的实践和应用中相互作用，逐渐提高其英语语言的交际能力。

二、传统教学模式下大学英语教学存在的问题和不足

（1）传统大学英语教学模式下，主客体位置倒置。传统的教学模式下，老师处在教学的中心位置，学生更多的是从属位置，这是极不符合教学规律的。大学英语作为一门应用性极强的课程，其教学的基本要求是学生通过听、说、读、写的训练，掌握加工语言信息的能力，并通过一定的形式进行表达，因此这样的特点就决定了学生必须在实践中全面发展自身的英语能力。但是，据笔者观察，传统的教学模式下，大多数教师占用了大部分教学时间，使学生没有时间进行实践训练，学生处在一个被动接受的角色，被灌输了太多的单词和固定句式而缺少实践的训练，使得即使学习了英语，但是学生还是不能很好地运用它。

（2）传统大学英语教学模式下，以固定句式和单词为主，效果较差。在大学英语的课堂教学过程中，许多教师采用的教学模式还都是类似于语文的教学方法，重在对英语原文的语法解释和单词讲解，提出让学生重点掌握长、难句，或是直接背诵一些句子。但是在实际的教学过程中，这对学生英语能力的提升几乎没有什么好处，学生将语法知识掌握得很好，但是在实际与外国人交流的过程中，大部分对话的语法可能是不严谨的，还会存在错误，因此活学活用在英语的学习中是十分重要的。

（3）传统大学英语教学模式下，英语学习的四要素缺乏有效衔接。英语学习中有重要的四要素，分别是听、说、读、写。这四个部分在大学英语的学习中应该是相互联系、不可分割的部分。但是据笔者的观察，目前这四个部分大多还是相互分割的，还没有形成一

个有机联系的整体，比如学生在上听力课时，就是在单纯地进行听力训练，缺少写和读的环节，这就很容易造成教学效果不佳，所以在上听力课时学生不应该纯粹地进行听力训练，可以加入读、写、说的环节。如果我们把这四个方面的教学内容结合起来，学生就能够很容易地把他们的听力和阅读信息与自己的学习结合起来，学习效果自然会很好。

三、创新我国大学英语教学方法的对策建议

（1）运用互动式的教学方法。互动式教学作为一种创新的教学方法，在当下的教学过程中得到了广泛的使用 [黄建滨，邵永真 . 大学英语教学改革的出路 [J]. 外语界，1998(4):20-22.]。这一教学模式是指老师在授课的过程中，为学生创设一个互动的教学环境，学生在这种轻松愉快的互动交流中，能够自由地表达自己的观点和意见，从而激发学生的学习积极性，通过一定的试验发现这种教学方法对大学英语课堂教学效果的提升具有非常明显的效果。在英语课程的教学中，教师可以向学生提出一个或多个问题，根据学生分组的能力不同进行相应的指导，使学生成为解决教学问题的主体，让其进行分组讨论。

（2）运用肢体语言的教学方法。将肢体语言的教学方式运用到大学英语的教学中，使教师运用肢体语言进行教学内容的表达，从而为学生创造轻松快乐的学习环境，使学生自由学习。大多数语言的表达也是通过肢体的一些动作进行表达的，虽然没有具体的语言，仅仅是一些无声的表达，但是效果却是十分明显的。通过这种教学模式，使其本身生动、活泼的特点能够发挥得淋漓尽致。大学生大都已经成年，其模仿能力一般都较强，在教学中，教师可以根据教材的内容，生动地表现出语言所要表达的形象，不仅能够激发学生的求知欲望，而且能够引导他们积极参与。这样一来学生在模仿中体会到了学习英语的乐趣，长此以往，就会变得更加愿意学习英语。

（3）运用角色扮演的教学方法。角色扮演的教学方法目前已经在高校中得到了广泛的推崇。角色扮演的方法就是在教师的指导下，教师根据教材内容的特点，要求学生进行相应的发挥，进行对话与交流。在教学过程中，英语教师可以根据自己掌握的学生英语学习的能力进行实际教学，还可以把教学内容编译成故事，让学生根据自己的性格或喜好自由发挥，与其他表演者进行口语交流，这样一来不仅可以提高学生的语言表达能力，还能够极大地锻炼他们的外向性格。

第二节　多学科交叉视角下的大学英语教学方法

隐喻自动识别关键的第一步是要解开人类对隐喻理解的认知机制，建立语言的形式化模型，使之能够以计算机能够识别的形式表示出来。这一过程很大程度上需要依赖认知语言学理论的指导。目前关于隐喻计算研究的综述性文章主要针对隐喻模型设计、知识库和

数据资源建设及隐喻处理的应用方面进行介绍，而本节将从认知语言学和计算机科学的交叉角度对隐喻识别所涉及的理论和方法进行探究。

一、隐喻识别的认知语言学视角

（一）基于文本线索的识别

隐喻表达的特征之一是具有一定的语言标记，可以把这些语言标记作为隐喻识别的线索。这种研究思路在隐喻识别中非常直观，起到一种"路标"的作用，具有较高的价值。通过隐喻标记语的明确指示，做出不能对该话语做字面意义理解而应做隐喻意义理解的明确引导。由于隐喻标记语的介入，人类对隐喻进行推理的时候，就能很容易地领会蕴藏的意图，从而做出正确的隐喻识别。因此，隐喻标记语的使用明示了话语的语义逻辑关系，对隐喻的人脑推理过程起到了明示的语用制约，从而帮助理解与识别。束定芳总结了隐喻表达的七种文本线索标记：

（1）领域信号或话题标志。如 intellectual stagnation（智力上的停滞）、psychic eddy current（心理旋涡）、时间隧道、历史悲剧。（2）元语言信号。直接用 metaphor，metaphorical，metaphorically 或"比如"等字眼。（3）强调词信号。In fact，literally，actually，really，汉语中的几乎、差不多、简直等。（4）模糊限制词。如英语中的 a little，practically，汉语中的"有点""某种意义上"等。（5）表示隐喻转换的上义词。如 sort of，type of，"某种"等。（6）明喻。明喻是隐喻的一个种类，其比喻词 like，as，"好像""仿佛"等明确表明这是隐喻式话语。（7）引号。

根据上述认知语言学理论，在隐喻计算机自动识别领域，有一些研究工作是针对文本中的线索而进行的。

（二）隐喻本质

概念隐喻观运用源域与目标域之间的映射以及意象图式来解释隐喻现象，认为隐喻的本质是以一种事物去理解另一种事物的手段，从一个比较熟悉、易于理解的源域映射一个不太熟悉、较难理解的目标领域。人类对隐喻识别是指在语境中发现隐喻表达，找出源域、目标域及映射域的关系。束定芳归纳了人类对隐喻识别的两种基本方法：（1）基于文本线索；（2）基于语义冲突。在认知语言学背景下，隐喻被普遍认为是一种思维方式和认知模式。概念隐喻理论认为隐喻是利用一种概念表达另一种概念，需要这两种概念之间的相互关联。这种关联是客观事物在人的认知领域中的联想。

（三）基于语义冲突的识别

人类对隐喻的理解首先建立在上下文语境的基础上，根据语言认知系统知识库及涉身概念知识库，对语言形式和字面意思进行分析，确定源域与目标域的语义冲突，并运用概念联想提取机制判断出映射关系，最后做出概念隐喻的判断。多数隐喻的出现并没有明确的信号或标志，需要通过对语义冲突的理解来识别隐喻。语义冲突也称为语义偏离（deviation），指的是在语言意义组合中违反语义选择限制和常理的现象，是隐喻产生的基本条件。语义冲突可以产生在句子内部，也可以产生在句子与语境之间。Ortony 认为某一语言表达成为隐喻的第一要素是从语用角度或从语境角度看，它必须是异常的，即从其字面意义来理解有明显与语境不符之处。人类需要根据话语的字面意义在逻辑上或与语境形成的语义和语用冲突及其性质，判断某一种用法是否属于隐喻。

二、交叉视角的文本表达

（一）基于文本线索的方法

因为更多的隐喻不具有明显的语言标记，所以这种基于文本线索的方法只能作为一种辅助来提高识别效果。隐喻标记统计的基础上，把标记隐喻的语言信号分为若干类别，并考察其在文本中的出现频率与隐喻的使用关系。研究表明，虽然带有语言标记的隐喻句在隐喻句总数量中存在的比例并不大，但是存在隐喻标记语的书面语中隐喻的比例达到了大约 1/2 的比例。除了隐喻标记语的词汇层面，Ferrari 还把句法分析作为文本线索进行隐喻识别的研究。例如，通常作为隐喻标记的单词 metaphor，在句子 "A metaphor is a figure of speech where comparison is implied." 中作为主语出现，此句不再是隐喻，metaphor 也失去了标记的功能。这种方法概括起来就是利用规则约束与机器学习相结合，从语料库中统计隐喻的语言标记和句法信息出现的概率，以此作为文本线索进行隐喻计算机自动识别。

（二）基于语义知识的方法

对基于语义知识的方法进行了早期的研究，建立语义冲突分类体系，并手工建立了语义知识库，但对大规模的语料分析具有局限性，也耗时耗力。Mason 通过大规模语料库自动获取词汇的优选语义，从领域语料库获得词汇的语义特征，对比特征语义冲突完成概念映射的优选。但由于领域知识库规模不足，此方法只能处理与动词相关的较简单的概念隐喻，对于复杂映射具有很大的局限性。利用词典和语义搭配知识是基于语义知识方法的另一项应用。如 Krishnakumaran 利用英语词典 word-Net 得到语义知识，计算词语在语料库中语义搭配的概率。同样，杨芸利用《同义词词林》和《词语常规搭配库》来识别汉语语义搭配型隐喻。另外，机器学习方法是隐喻自动识别研究的一个新方向，在处理海量信息上有着明显的优势和广泛的应用。面对日益增多的数据与计算机技术迅速发展，广泛地尝试探索基于机器学习的隐喻识别研究十分必要。此方法是把隐喻识别的问题转化成文本分类问题，最终达到识别目的。

三、总结

（一）语言学家与计算机研究者携手共进

语言学与计算机科学对于隐喻识别，有着共同的研究处理对象及共同的奋斗目标——揭示人类语言中隐喻的秘密，开发人类语言智能的功能。利用计算机对隐喻进行识别，基于规则和统计相结合是有效办法之一，只利用任何一种方法都有它的局限性。计算机固然可以迅速地从大规模的语料中获取隐喻知识，解决系统的一些具体问题，但是却不能解释确切的运行机制和其中的规则到底是如何建立的。所以需要语言学家对语言进行描述与规则制定，实现计算语言的形式化，这些都是跟语言学的基础理论分不开的。同样，语言学也需要进一步现代化。而计算机隐喻识别所提出的一系列新的方向与需求，一方面启发语言学家从新的角度去思考和探索，这必将深化语言学的理论知识；另一方面，通过计算机改造语言学理论，可以促进语言描写的形式化、科学化和精密化。计算机科学的发展，不但为语言学提供了现代化的研究手段，而且扩展了语言学的研究视野。因此，只有语言学家与计算机研究者加强合作与支持，才能促进隐喻研究的重大突破。

（二）隐喻知识库与英语教学

隐喻知识所提供的实例分析和分类帮助学生形成系统的理解和有序的逻辑思维，分清隐喻表述的各部分关系，代替死记硬背的学习方式，遵循有效的认知规律，从语言学习的根源和理论上整体把握，从而提高对语言深层次的理解，提高学习的效果，增强英语语感。隐喻的各种计算模型往往需要一个或多个知识库的支撑，这是由隐喻的认知性所决定的。知识库中除了三个例句，还给出了与 force 类别相关的隐喻类别（Related metaphors：related to Causes are Force），指出了隐喻的源域（substance，contents，container，hitting）和目标域（force），另外还有简要分析的以帮助理解（note）。例句中都包含概念隐喻的影子。借助概念隐喻可以认识到隐喻表达形式的根源，将原本分散的形式内涵按根源进行归类。隐喻知识库所提供的概念隐喻系统使语言学习者了解到隐喻生成机制的原理，利用映射原理对知识系统分类整理。

第三节　基于提升课堂学习效率的大学英语教学方法

一、传统大学英语教学方法的特点和不足

（一）传统英语教学方法在听、说、读、写方面没有很好的衔接

听、说、读、写是大学英语教学的四个有机组成部分，当前的大学英语教学中，这四

个方面很大程度上都是相互割裂的，以至于学生在听力课上只是纯听力训练，在阅读课上只是一味地读课文，而在口语和写作上经常无话可说、无内容可写。如果将这四个方面的教学内容很好地结合起来，学生便能够将其在听力和阅读上所获得的信息结合自己的观点加以整理，自然会有话可说、有内容可写了。

（二）传统大学英语教学方法以语法解释法和翻译法为主，效果欠佳

大学英语是一门应用型课程，其最基本的要求是学生能够通过听力和阅读训练，学会高效地吸收和处理信息，通过口语和写作表达信息，这决定了学生必须在实践中培养英语综合能力。然而，传统大学英语教学中，教师的满堂灌输占用了课堂大部分时间，学生缺乏时间进行有效的训练，致使他们即使听懂了也不会实际应用。在大学英语课堂中，很多教师遵循的教学模式仍然是解释课文语法，帮助学生翻译长句、难句，或者让学生死记硬背课文内容。笔者在实践教学中发现，很多学生对语法掌握得非常清楚，但是在英语表达中仍然错误连篇。例如，两位老朋友十年后第一次见面，刚开始都没认出对方，等互报姓名后，其中一人感叹道："我都没有认出你！"在这种情景下，很多对时态非常精通的学生都会错误地表达为"I don't recognize you."这是因为学生在语法解释和翻译法的教学中，只懂语法，而不知合理使用语法，只知按字面翻译而不知如何从意思上去理解。传统大学英语教学方法中，教师起着绝对的主导作用。

二、大学英语教学方法改革探索

（一）教学中应在听、说、读、写四个方面有机整合

心理学家认为，知识的获取需遵循相应的规律，母语习得者之所以学习效率高，是因为其能够将所获取的信息进行统筹管理，分别储存于短时记忆和长时记忆系统中，无论是短时记忆还是长时记忆，有逻辑联系的信息回应能延长记忆时效，而且便于提取。笔者曾根据以上两点进行相应的教学改革，但是发现仍然有很多问题阻碍着教学的顺利开展。最大的困难是学生英语水平有限，无法做到以学生为主体的教学模式，然而通过听、说、读、写四方面教学的整合，能够很好地解决这一问题。通过及时、不断地提取信息，记忆便能得到强化。因此，首先可以布置给学生预习任务，让学生通过网络教学系统学习相关的音频、视频和文章，在练习听力和阅读的同时对课文主题有一个很好的概念，且积累一些课上可能会用到的词汇、短语和观点。其次，由于学生课前的积累，在课堂上教师便能非常轻松地引导学生进行课文的学习和理解，并引导学生针对其内容发表自己的见解，课堂氛围和效果会得到很大的提升。最后，让学生在课后通过互联网查询支持自己观点的相关信息，最终在所学语法知识、词汇短语以及相关内容素材的帮助下写出与该主题相关的短小文章。通过听、说、读、写四方面的有机结合，可以很好地帮助学生建立自信，增加教学效率，提高学生的英语学习兴趣和动机。

（二）摆脱教师的绝对主导模式，实现以学生为中心的主题教学模式

"以学生为中心的主题教学模式"可以从听、说、读、写等方面围绕一个具有逻辑关联的话题，学生以个体或团体形式进行训练，将其所学词汇、语法应用于学习训练之中，也可以通过这种教学模式，巩固加强学生对课文所蕴含知识的理解。认知主义心理学代表人物之一布鲁纳（J.S.Bruner）认为，学习是认知结构的组织和重新组织，学生知识的获得不是教师灌输给学生的，而是要学生自己主动去探索和发现。英语教学的过程理应是引导学生在课堂及课后进行有效的实践训练，提高信息吸收的效率，并将其所学语法知识通过反复练习训练成一种思维方式，从而提高英语表达的准确性和高效性。传统教学主题内容过于空洞、乏味或绝对，致使学生无话可说，或者有话也懒得说、懒得写。很多教材的单元主题往往是校园生活、恋爱等已经被反复练习和论证的话题，学生已经对此产生了厌倦感，故而，对教学主题的选择，应该注重在知识上激发学生的求知欲，在内涵上值得学生深入思考，在争议上允许学生在适当范围内提出各种不同的观点。

（三）改变传统的语法解释和翻译法教学

其实，很多同学对语法知识已经很是明了，但是使用起来便会出错。语法本就是种说话的规则，学完规则还不够，更重要的是学会如何应用规则，将规则训练成种说话的思维方式。然而，我们传统大学英语教学只注重教学生规则，而不引导他们去应用规则，这显然是不科学的，也是导致现在很多学生英语表达能力弱的重要原因。因此，我们应该在传统英语教学方法的基础上，增加新的训练模块教学，引导学生将所学知识应用到英语实践中去，提高其英语表达能力。中国传统英语教学，从初中开始便特别注重语法教学，但经过初中、高中和大学的学习，很多学生的语法应用能力仍然很差。在 2011 年英语专业八级考试的 21 份试卷中，"汉译英"部分得 8 分以上的试卷只有 19 份，很多答卷语法错误连篇。例如：匆忙与休闲是截然不同的两种生活方式。有些人译为：Hurry and soft is twodifferent life style 或者 Both busy and free are two different wayof living。这两句是比较极端的翻译，完全没有顾及学了十多年的语法，还有很多答卷也是或多或少有语法错误。

三、"后方法"教育理论的路线图

后方法时代外语教学思想认为没有一种现成的最佳方法可一劳永逸地用于教学，主张外语教学应摒弃传统教学方法思想束缚，从更广阔的视角探求突破传统教学方法思想的教学新理念和新途径。它倡导最大限度关注教师教学方法运用和支配自主性及创造性，主张由一线教师据自身学习经历、教学理解及教学理念、风格和经验，进行自我观察、分析、评价，塑造并改进课堂学习，构建"由下至上"（down-top）适应具体教学情景、立足课堂教学的教学理论体系。"后方法"理论的提出者——美国学者库玛（Kumaravadivelu）据此初步构建起一个由特殊性（particularity）、实用性（practicality）、可能性（possibility）三个基本参数组成的第二语言教学和教师教育的三维系统，并勾勒了一幅"后方法"教育的路线图。

（一）实用性参数

实用性参数涉及范围更广，它直接影响到课堂教学中理论和实践关系的处理。在实践中，鼓励教师将个人实践理论化，再将个人理论用于实践，有助于教师理解和明确问题所在，分析和评价信息，对各方面进行考量和评估，从而选择最佳方案，并进一步做出批判性评估。由此，实践理论便涵盖连续性反思和行动，教师领悟性和直觉力构成了实践性的另一方面。教师在实践中积累着某种无法用言语表达的感受与知识，在此过程中使有关最佳教学"意义建构"随着时间不断成熟。这种建构看似是本能、独有的，但它是由主导微观课堂环境的教育因素和源自课堂之外的社会政治因素形成和建构的。因而，"意义建构"要求教师不仅将教育视为课堂中最大化学习机会的一种机制，同时也是一种在课堂内外理解和改变"可能性"的方法。从这种意义上讲，实用性参数便转化为可能性参数。

（二）特殊性参数

特殊性参数要求任何相关语言教育需注意存在于特定社会文化环境中的教育机构特殊性以及机构中教师以及学生的特殊性，还要注意学习目标特殊性。这种特殊性与包含一整套基础理论原则和普通课堂实践的既有的教学方法理论不同。从教育视角分析，特殊性既是目标也是过程，即在教育中我们要同时注意追求目标特殊性和教育过程特殊性。它是教学手段和目标的一种过程性发展。特殊性也是一种能力，用以衡量对开展外语教学当地的教育机制和社会环境特殊性的敏感程度。特殊性始于个人或集体教师，通过观察他们的教学行为、评价教学成果，辨识教学问题，找出解决办法，从而进一步尝试分析可行与不可行的方法。由此，观察、反思和行动构成的连续循环为环境敏感性教育理论和实践发展提供了前提。特殊性深刻蕴含在教学实践中，没有教学实践也就无法实现或理解特殊性，因此，特殊性与实用性参数亦相互交织。

探索更加适合非英语专业学生的英语教学方法，在短期内通过教学改革提高学生的听说读写等基本能力，在长期内提高学生的英语综合素养。

第四节　大学英语教学方法中的情境英语教学法

在我国的大学教学工作有效开展的过程中，一直都在追求创新。因此我国的大学英语在教学的过程中也在不断地摸索和创新。使大学生产生仿佛置身于英语世界的感觉，在轻松、愉快的环境中积极地学习。根据实际的教学经验来分析，在大学英语教学的过程中，情境英语教学法是一种非常适用的教学方法。本节主要针对大学英语教学方法中的情境英语教学法的相关内容进行阐述。

在大学英语教学的过程中，情境英语教学法主要就是根据学生在英语学习过程中的心理特征以及年龄特点，进行针对性的教学，我们在英语教学的过程中针对性地指出反映论的具体认知规律，同时在英语教学的过程中结合相应的教学内容，有效地应用形象内容来对英语教学情境进行创设。这样能够让较为抽象的英语教学语言成为生动的可视英语语言。通过情境英语教学方法来让学生在学习英语课程的过程中更加深刻地了解英语思维、英语口语以及英语感知。根据实际的情境英语教学方法来分析，情境英语教学方法的主要特点如下：能够有效地融合语言、行动以及创设的情境，让英语教学更加直观、更加趣味以及更加科学。目前情境英语教学在我国的大学英语教学中已经在逐渐的应用以及推广过程中，从目前的情况来看，效果非常明显。因此情境英语教学方法也为我国的大学英语教学带来了非常积极的效果。

一、大学英语教学中情境英语教学方法的主要理论来源以及相关依据

（一）情境英语教学方法理论的具体来源

在教育领域中，情境教学这一理论在 20 世纪 70 年代就已经提出并且应用，目前情境教学模式已经成为语言课程教学工作过程中的一种基本的教学理论以及发展方向。我国情境教学的主要来源在于结构主义教学语言理论。这一理论认为如果我们认为口语为语言教学的基础，其教学结构的核心必然是语言的表达能力。我们在语言教学的过程中，就是在为学生创造有效的学习语言的条件，让语言学习的方法同以后的交际实践有效结合起来。在语言教学的过程中，我国的大学语言教学中的英语教学占有非常大的比重，英语教学在实际的教学工作中就是让学生学习语言交流能力的过程，大学生在学习英语的过程中，能够根据学习的过程以及学习的积累对英语的语言知识以及语言技能、英语的特点进行详细的了解和掌握。

（二）情境英语教学方法理论的相关依据

在大学情境英语教学的过程中，教学依据主要有三个。首先是我们在情境英语教学的过程中，要根据大学生的年龄以及心理特点进行针对性的情境英语教学。目前的大学生在年龄分布上以 90 后居多，但是也不乏 00 后，这一年龄段的大学生在对知识的渴望上非常积极，具有很强的求知欲望。情境英语教学方法正是有效地利用了这一特点来对大学生的创造能力以及形象能力充分的挖掘并且调动起来。其次是我们在情境英语教学的过程中要掌握英语语言学习中的习得规律。大学英语的教学工作并不是从语法以及单词上进行知识的掌握，英语教学的重点应该是让学生在英语语境中习得，让学生在英语应用中习得。最后是我们在情境英语教学的过程中要有效依据大学生的实际学习规律进行教学工作。我们在进行情境英语教学的过程中能够通过情境再现，有意识地对大学生的英语学习积极性进行调动，能够有效挖掘出大学生学习英语过程中的心理活动，这样才能够有针对性的让大学生在一种较为轻松的环境下学习英语，在一种愉快的环境下学习英语，能够充分地发挥出大学生的学习积极性以及学习创造能力，让大学生在情境英语教学的过程中全身心地投入英语教学活动中来。

二、大学英语教学中情境英语教学方法实施过程中的主要作用

（1）情境英语教学方法能够有效地适应并且迎合当代大学生的认知学习规律，能够有效地提升大学生的课堂教学效率。

在教学工作中，要充分认识到兴趣是最好的老师这一教育理念。目前我国的大学生以90后、00后为主，这一年龄段的学生在知识面上、在信息的获取上、在性情的开发上都有非常大的优势。根据大学教学工作的总结来分析，目前大学生的主要特点是有主见，在知识接受上很难实现强制性的教学，同时对于灌输式的教学模式也非常排斥，更加重视自身对于新鲜事物的感受，能够很快接受新鲜的事物和知识，但是其承受能力较差，面对挫折时容易产生悲观情绪。我们在英语教学的过程中要充分了解和掌握目前大学生的特点，在英语教学中应用情境英语教学的方法能够有效地引导大学生的积极性和主动性，能够让英语教学在一种轻松的环境下进行，这样的英语教学方法就从根本上改变了原有的传统英语教学和方法，在很大程度上提升了英语教学工作的教学质量和教学效率。情境英语教学法在实施的过程中，我们可以通过模型、图片、实物等教学工具，充分利用表情、手势以及相关的动作来进行英语的情境教学。在情境英语教学的过程中，我们常用的辅助教学工具为计算机，通过这一教学辅助工具能够实现英语教学内容的扩大化、信息多样化、趣味化。目前在大学英语教学的过程中网络以及多媒体的应用更是丰富了情境英语教学工作的教学内容，让英语情境更加生动以及形象地展现在学生面前，更加具体地展现了英语教学情境，提升了大学生的课堂教学效率。

（2）情境英语教学方法能够让大学生在学习英语的过程中养成勤于动脑、敢于开口、乐于动手的学习英语习惯。

根据相关的数据统计，我国的大学生有很大一部分在大学时期就已经通过四级考试以及六级考试，这能够从一个方面显示出目前大学生还是有一定的英语水平，但是实际上在现实的生活以及日后的工作过程中，很多大学生都会有不敢开口、不会书写的问题。这一问题的出现不仅仅是学生自身的问题，同时也是我国大学英语教学工作的问题，更是我国大学英语教学应该重点改善和处理的问题。目前我国的英语教学在进行的过程中没有给大学生有效地搭建起口语交流以及书写交流的教育交流平台，没有在英语教学之外创设实际演练场景，造成了这一问题。但是随着情境英语教学的逐步开展和实施，这一问题得到了很好的处理，就目前的情况来看，教学效果还算喜人。

（3）情境英语教学方法能够较大地丰富大学生的课外生活以及互动，能够让英文教学以及学习有效的延伸。

语言是交际的工具，具有实际性和交际性。实际生活水平是语言学习的试金石。英语的情境教学的时空必须由课内延伸到课外，把学习迁移拓展到我们的生活中。大学教师要设法增加大学生的语言实践机会，帮助大学生在实际生活中创造英语环境，鼓励大学生大

胆开口，敢于大声和老师用英语打招呼、交谈。鼓励他们尽量用所学的常用表达方式和同学相互问候、对话。除了上述的三点之外，情境英语教学方法能够在很大程度上推动大学英语教学的教育改革，能够完善英语教学的教育模式。

在英语教学中运用情境教学，既能活跃课堂气氛，激发大学生的学习兴趣、锻炼大学生的语言能力，又能培养大学生的思维能力和空间想象能力。使大学生产生仿佛置身于英语世界，在轻松、愉快的环境中积极地学习。从而为大学生在以后的工作中应用英语奠定良好的基础。

第五节　构式语法与大学英语教学方法创新

认知语言学是产生于 20 世纪 80 年代后期，在反对主流语言学转换生成语法的基础上，融合语言学、心理学、人工智能等多个领域的知识而逐渐形成的一门语言学分支学科。随着认知语言学的发展，相关研究增多，开始出现一种新的语法理论，即构式语法。虽然构式语法没有脱离认知语言学的范畴，依旧是批判形式语法，但其强调语用和功能，基本上可以看作一种新的研究学派。构式语法最早由外国提出，国内起步较晚，且最开始用于研究汉语特殊句式。随着世界一体化格局的形成，英语越来越重要，相关教育研究备受重视，各种创新层出不穷，构式语法具有很强的实践性，与国人的认知心理相符，在英语界迅速传播，到今天已成了一种重要的语言研究方法，对促进大学英语创新发展有着重要的指导意义。

一、何为构式语法

（一）概念

从构式语法的形成来看，其可分为几个阶段，如 Bloomfield 提出的 construction，指的是抽象意义上的构造形式。后来，Lakoff 开始使用"语法构式"一词，基本可看作是构式语法的初期阶段，而且他间接表明了构式是形式和意义配对的理念。20 世纪 90 年代中期，Goldberg 给出的定义在界内最流行、认可程度最高，即当且仅当 C 是一个形式——意义的配对〈Fi，Si〉，且形式 Fi 的某些方面或意义 Si 的某些方面不能从 C 的构成成分或从其他已有的构式中得到严格意义上的预测，C 就是个构式。2006 年，Goldberg 对此概念做了修改，"任何格式，只要其形式或功能的某一方面不能停过其他构成成分或其他已确认存在的构式预知，就被确认为一个构式"。

从其概念中可发现，构式语法强调形式和意义之间的配对，而且构成的部分不能推导出整个构式的意义。换句话说，构式是一个整体，除了具有其成分的形式和意义外，还有延伸的形式和语义，取得的是"1+1 > 2"的效果。

（二）特点

在构式语法被提出之前，生成语法十分流行，其认为组成格式的词汇的意义组合决定了格式的全部意义。也就是说，句子有意义，但句子格式没有意义。而构式语法则对此提出了反驳，认为句法格式本身也有独立的意义，不同的句法格式具有不同的构式意义。另外，构式语法也反对模块论。模块论是一种自下而上的研究方法，可概括为"词素－词－词组－短语－句子"的程序，需要先研究词汇，进而推导句子和篇章的意义。构式语法则相反，采取的是一种自上而下的研究方法，把句式看成是整体结构。比如一些图式结构、半固化块状结构，并没有语法规律可言，最好的方法就是以整体的形式存储在记忆中，需要时可直接提取使用。可见，语义和语用在构式语法观点中不可分割。

（三）教学内容

构式语法的教学内容包括形式和意义两大部分，前者具体是指形态、语音和句法特征，后者具体是指语义、语用和语篇功能。总之，构式语法着重于语言的功能性研究，形式和意义（功能）之间存在的对应关系，即象征对应连接链。

比如"What a clever gilr！"是一个常见的感叹句构式，由"what""a""clever""girl"几个词汇构成。其实，这是个省略句，整句应该为"What a clever girl she is！"按照构式语法加以分析，整个构式表达的意义不是某个组成部分所能概括的，也不仅仅局限于句子本身的语义，还有延伸出来的部分。我们可以翻译为"她是个多么聪明的女孩啊！"或者直接译为"多么聪明的一个女孩"。但受语境的影响，其语用特征并不相同，既可以表达真切的夸赞，又可以表示是超乎预期想象而发出的惊叹，甚至可以在反语语境中出现。

二、构式语法对大学英语教学方法创新的启示

（一）理念和理论的创新

树立创新意识，转变英语教学理念。构式语法是对转换生成语法、模块论等传统语法理论的批判，强调语言的形式和意义是一个整体，不能分割，一旦分隔开来，就无法表达出原来的效果。同时，对过去自下而上的研究方法进行改善，施行自上而下的教学模式。教师应抛弃过去通过分小类和分析词类序列区分和教授不同句式的教学方法，向学生强调句式整体意义的把握，寻求形式与意义的同时习得。将构式作为整体来教，鼓励学习者同时注意形式和意义，一并输入构式的音系、句法和语义特征；英语教学应该从过去强调句式形式的教学法过渡到强调把握句式的整体意义的教学法，实现自上而下的讲解与自下而上的总结结合、归纳教学法与演绎教学法并重。

（二）遵循由易到难原则

人们在认识世界的过程中，总是遵循由易到难、由表及里的原则，先了解表面和普遍性，随着积累和感悟的增加，才能发现更多问题，进而深入探究，逐步加大难度，使得知

识的广度和深度都在不断拓展。

构式语法有难易等级之分，在复杂的构式语法中，常常有子构式、母构式。如果有多个母构式，由于特征不同，极易产生冲突，最终体现在具体的构式中，即子构式。以双及物构式为例，"What did Lucy give his brother？"，按照正常句式，双及物的宾语应该在动词之后，而在特殊疑问句中，原来的宾语做主语，则放在了句首。

在语言学中，形式有无标记、有标记之分，前者指的是共同的特点，后者侧重于特殊情况。而且，后者的学习难度要高于前者，形式相对较为复杂，在实际中使用频率低。所以，教师在教学过程中要遵循此类原则，从简单开始，逐步增加难度；从无标记形式学习开始，慢慢过渡为有标记的特殊形式。

（三）形式意义同等重要

与转换生成语法等传统理念不同的是，构式语法强调形式和语义的结合，两者之间存在某种对应关系，不同的形式会导致语义上的差别。在大学英语教学中，应把形式和意义放在同等重要的地位，注意两者的匹配。

以直接和间接转述的构式为例，即便表达的意义相同，在结构形式和语用功能上也有着很大差异。看下面两个构式句子：

I asked my mom where she would go next month.

"Mom，where are you going next month？"I asked.

可见，直接转述和间接转述的形式、语用都不同，前者的重点在于发音和措辞，后者的重点在于表意，是想令听的人明白自己的语义。

（四）导入背景文化知识

前面已经提及，构式语法属于认知语言学的范畴，人们的语言能力是认知能力的一部分。学习英语的过程中必须有足够的语言输入，加上自己的认知和体验，才能逐步掌握这门语言。在英语中，有很多特殊句型和固定短语，往往并没有传统的规范性的语法规律，很难用已有的理论分析。即便在教学中，教师也常常会以"这是固定用法"为借口。所以，学习语言其实就是一种认知活动，面对无规律可言的句式，便需要记忆背诵，存储足够的语言输入，需要时直接使用即可。

大学英语很容易忽视英语背景文化知识的导入，任何语言都是在一定的社会文化环境下形成并发展起来的。英语也不例外，在教学中应注重文化背景的介绍，鼓励并引导学生了解足够的国外文化历史、风俗习惯等，这样再遇到俗语、俚语、谚语时，才能正确理解其意思。教师可推荐一些英文歌曲、英语字幕的电影，阅读介绍西方国家历史文化的书籍杂志。

（五）母语和英语的对比

汉语是我们的母语，英语作为第二语言，一些大学生往往觉得很难。随着教育改革的深入，很多新方法、新理念相继提出，关于母语和英语关系的研究越来越多，希望找到最高效的途径，尽快提高学生的英语应用能力。在这种背景下，容易出现两种极端，一种是以母语为本，用母语教英语，结果出现了汉式英语。如"不管怎么说，我已经赢了"翻译为"No matter how to say，I win already"，而实际上英语应该表达为"Anyway，I have won."。另一种是太过注重英语，甚至要求学习过程中忘记母语。这种观点显然不合理，而且不太可能实现，我们生活在母语环境中，每天都在用母语跟人打交道，岂会说忘就忘？

笔者认为，最好的教学方法是将两者进行对比，把它们之间的异同点讲清楚，这对学习母语和英语都大有益处。因为我国和西方国家历史文化背景不同，语言系统的形成、演变和发展有着很大差异，比如汉语中没有冠词，表示数量多时不用衍生词缀。举个简单例子，汉语中习惯了说"两头猪"，但英语只需翻译成"two pigs"，而不能译为"two head pig"。

此类差异很多，在不熟悉英语构式语法之前，不能盲目地将其套用在汉语结构中，也不能根据汉语的句式结构直接翻译。所以，教师必须重视两者的对比，既要了解汉语言系统，又要学习英语语言系统，如此才能降低语法错误率。

构式语法对传统的模块化理论加以批判，强调构式的完整性，形式和意义两个构成部分应该结合，不能分割。因为研究的是语言形式、语义和功能的结合，所以在抽象句型中能够加大解释力度。总之，构式语法为英语教学和英语理论研究指明了新方向，具有很多优势，可以在大学英语教学中加以借鉴，比如转变教学理念、重视中英文对比等。但同时，构式语法存在局限性，如构式数量太多、构式间的联系容易被忽略，这说明今后还需加强此方面的研究，大学英语教学方法也应不断完善。

第六节 "互联网+"背景下的大学英语教学方法

随着科学技术和智能手机的高速发展，互联网慢慢走进人们的生活，人们的生活已经离不开互联网和智能手机。"互联网+"是一种新兴的教学模式和方式，越来越受到人们的欢迎和青睐。"互联网+"教学模式和传统的教学模式有很大的不同，充分利用学生的课余时间，既让学生在网络平台上学到知识，也能够让学习变得更加灵活，让学生对学习产生更多兴趣。因此，本节对"互联网+"背景下的大学英语教学方法进行研究，对这种新型的学习方法进行探讨，并研讨怎样使"互联网+"教学方法得到更大的提升，从而为学生的英语学习提供更好的服务。

一、"互联网+"在大学英语教学中的优势

在新课改的大背景下，大学英语的教学课时被严重压缩，由于不同的学生对英语教学的需求不同，学生自身学习英语的基础和能力也不尽相同，知识结构不够全面，而使这部

分学生的英语学习得不到满足，影响了这部分学生学习英语的积极性，从而不能让这些学生的英语成绩得到相应的提高。

（一）"互联网+"有利于提高大学生英语写作能力

大学英语的学习方法和高中、初中英语的学习方法是完全不同的。在中国初高中教学中，由于受到应试教育的影响，教师最重视的是提高学生的学习成绩，所以在教学中以词汇教学为主、语法教学为辅，写作在考试中所占的分数较少，所以往往不是初高中英语老师的教学重点，这就导致了"英语写作"成为很多学生的学习短板。但是大学英语教学中，由于四、六级考试及学生未来就业的要求，所以对学生的英语写作能力要求较高。在大学英语学习中，展开"互联网+"的大学英语教学方法，老师可以在有限的课堂教学中对大学英语写作的技巧进行讲解，然后可以通过"互联网+"给学生布置英语写作作业，让学生利用网络完成写作作业。"互联网+"英语写作平台很好地弥补了大学老师不能一一修改学生作文的缺憾，可以让学生利用互联网经常写作文、改作文，达到提高大学生英语写作水平的目的。"互联网+"的出现满足了大学生对英语写作的学习要求，提高了学生学习英语的积极性，用灵活的教学方法提高了学生的英语写作能力。

（二）"互联网+"有利于提高大学生英语阅读理解能力，增加学生的词汇量

我国初高中英语成绩的提高以语法和词汇量教学为主。但是，在初高中阶段，学生英语的词汇量非常有限，到了大学之后初高中积累下来的英语词汇量远远不能满足大学英语的学习，大学更加偏向于应用型英语的学习。在大学学习阶段，英语阅读是增加学生词汇量的最佳方法，因此英语阅读和词汇学习是相辅相成的。然而，大学英语教学上课时间有限，不可能让学生在有限的课堂上做大量阅读理解。"互联网+"的出现，完美地解决了这个问题。学生利用大量的课余时间利用"互联网+"进行英语阅读，一能提高学生的阅读理解能力，二在做阅读的同时增加了学生的词汇量，这样有利于大学生的英语学习，大大提高了大学英语四、六级的通过率。随着全球经济一体化和科技的迅速发展，英语作为国际通用语言，起到了越来越重要的作用。因此很多工作单位在选拔人时，很看重大学生的英语成绩。因此利用"互联网+"提高阅读能力和增加大学生的英语词汇量就变得尤为重要。

二、"互联网+"背景下大学英语教学模式的开发与实践

"互联网+"主要分为网内资源和网外资源两种方式，这两种方式各具特色。在大学英语教学工作中，只有将这两种教学方式相结合，才能对大学生的英语学习产生最佳效果。在许多地方高校大学中，对各类资源都施行了信息化的管理，学校的内网服务器中也存在着大量的英文阅读文档，使学生在查阅的时候容易寻找。相对于外网资源来说，内网资源中的阅读文档更适合正处在英语学习阶段的大学生进行阅读，而且每篇文章的后面都附有阅读作业，可以使学生进行有针对性的学习与训练。"互联网+"网外资源更加丰富，现

在有很多利用互联网教学的方式，比如对于英语教学来说，大学生可以利用 QQ 和微信等资源和英语老师积极地进行学习交流，有不会的问题或者学习英语方法有问题可以第一时间和老师取得联系并讨论问题；有很多词汇软件，里面内容丰富精彩，如"有道""牛津"等在线字典除了给学生提供查单词的功能之外，还有很多新功能，如"每日一句""美文鉴赏"等，给学生提供了丰富多彩的学习方法。现在在"互联网＋"的支持下，产生了很多的大学英语教学直播平台，大学生可以通过网络直播学习英语，也可以事后下载观看，可以让大学生利用闲散的课余时间，加强对大学英语的学习，这些"互联网＋"背景下的大学英语教学新方式是英语课堂教学很好的补充。

全球进入了网络时代，教育改革引发了大学英语教学的不断改变与更新，"互联网＋"作为一种新兴教育模式正在受到越来越多的重视与追捧，它着重培养大学生在英语听、说、读、写等方面的学习，提高了大学英语的教学效果，"互联网＋"背景下的大学英语教学的新时代已经到来！

第七章　实践应用研究

第一节　多模态的协同及在大学英语教学中的应用

当前导致大学英语教学效果不理想的原因众多，其中教学模态单一以及各个模态之间缺乏协调是致使大学生不愿主动学习、大学英语课堂教学效率低的重要原因。在大学英语教学中应用多模态协同能够调动学生的听觉、视觉、触觉，通过图像、声音的引导，强化英语沟通能力，提升大学生的英语素质。

一、多模态协同

多模态是指运用多种构建意义的手段与符号资源，尽量将人的听觉、视觉、触觉等多重感觉同时结合起来开展信息传播与交际的行为。模态之间的关系是由具体语境与交际目的所决定的。通常来说，视觉模态以及听觉模态是人们交际过程中选择的主要模态形式，而嗅觉、触觉、味觉等为辅助型的交际模式。在实际沟通交往过程中，为了传递某种特定的含义，可以同时运用多个模态或实现多个模态之间的转换。模态选择的合理性取决于交际者利用媒介的能力以及多模态识别能力。长时间以来，大学英语教学都只关注英语词汇、句子、语法的知识点教学，教学方式与目标仅仅是从单一的文字模态入手，鲜有融合非文字的模态形式来进行课堂教学活动。伴随着互联网技术与信息技术的发展，多模态以及多模态协同已经开始对大学英语课堂教学造成影响。多模态的协同教学，即教师在课堂教学过程中要运用多模态开展教学，课堂需要涵盖视觉模态、听力模态、口头模态、书面模态、体形模态等。在大学英语教学中多模态的协同就是利用互联网、多媒体技术等客观环境与条件，为大学英语教学提供多种语言与非语言的多模态语境。多模态协同在大学英语教学中应用的基本目标就是要提高学生运用英语开展多模态交际的能力，提高学生通过多媒体与多模态自主学习的能力，以满足社会发展与经济全球化对大学培养高素质人才的要求。

二、多模态协同在大学英语教学中的作用

在大学英语教学中应用多模态协同能够起到以下作用：第一，融合语言模态和非语言模态，激发学生参与学习的积极性。多模态协同理论中的非语言模态能够在传递信息中发

挥巨大的作用。非语言模态主要包括身体特征、教学环境、教学道具等。在多模态协同教学下，教师可以利用图片、音频、视频等方式对英语知识点进行多方位的全面分析。例如，在大学英语词汇教学中，教师可以播放含有需要学习词汇的英文歌曲或英文原声电影，以吸引学生的注意力，调动学生参与学习的积极性，使其深化对词汇的记忆。第二，实现学生多感官互动。多模态协同在大学英语教学中能够实现视觉与听觉的互动，调动大学生的各个感官，以生动地进行英语知识点的讲授。例如，在大学英语课堂中，教师可以通过有感情的语言以及丰富的肢体动作，配合背景音乐来渲染教学氛围，让英语课堂变得更加和谐、有趣，以激发学生学习英语的兴趣。

三、多模态协同在大学英语教学中的应用

（一）大学英语课堂教学中应用多模态协同

视觉模态与听觉模态的协同。大学英语课堂的布局是视觉模态，其明确了大学英语教学的环境，同时也明确了教师与学生在英语教学中的角色。在课堂中，学生的视觉对象包括教师、黑板、讲台；大学英语的教学过程主要为听觉模态。视觉模态决定了课堂布局以及教师在课堂中的地位，但视觉模态也只是听觉模态的辅助与基础。基于听觉模态分析，教师的话语权占据了课堂的主导地位，对于教师来说，学生是其进行话语教学的主要接受对象，这就对教师的话语质量有着较高的要求。因此，教师在大学英语课堂中的话语要精确清晰、语法正确、发音准确、速度合适。与此同时，教师在教学过程中声音的响度、语调的高低、重度的节奏都会对英语教学效果产生一定的影响。因此，听觉模态中的各个模态相互之间也需要进行配合，以达到强化口语模态的作用。教师在英语教学过程中也会通过变化视觉模态来强化口语模态，如运用手势来代表节奏，模拟所讲述的事物，运用表情的变化来突出知识点的重要程度。

文字模态与非文字模态的协同。在大学英语阅读教学中以文字模态为主，指导学生重点掌握非文字模态，探索其与文字模态之间隐藏的内在关系，帮助学生赏析、鉴别文字模态的意义，提升学生对文字模态的敏感度。教师可以引导学生在阅读文章时对文章的标题、小标题、斜体字、标点符号等进行标识，对文章的重点信息进行定位。例如，阅读材料中"Jack went to Fifth Avenue with Tom in New York in September 30th."出现多次大写字母，大写字母通常表示地名与人名，在阅读过程中运用跳读的方式来掌握大意，则可以快速获取关键信息。又如，教师在进行英语阅读教学过程中训练学生对非文字模态的语篇进行分析。向学生展示三幅不同的图片：第一幅是正在融化的冰川；第二幅是一望无垠、寸草不生的沙漠；第三幅是黑色的河流。要求学生分析这一组图画要传递什么意思，将学生引入生态环境保护的阅读话题，从而实现大学英语阅读教学中图片模态与文字模态的协同。

（二）大学英语师生互动中应用多模态协同

建构主义理论提出，学习过程是学生发挥主观能动性、主动学习、主动构建知识架构的过程。建构主义理论否定了传统大学英语课堂教学中教师灌输、学生被动接受的教学模式。教师与学生在课堂上的角色也发生了变化。教师从知识的讲授者转变为学生学习的引导者，也就是教师在课堂教学中扮演着引导者、组织者的角色，在学生发挥主观能动性构建知识结构时起到辅导作用。因此，大学英语教学中多模态协同的应用能够进一步深化建构主义理论，转变传统教学模式中学生被动学习的状态。多模态协同下的大学英语教学能够实现教学互动，将学生置于多模态协同的学习语境，从听觉、视觉、触觉等多方位的感官来提高学生运用英语开展交际的能力以及潜在的语用潜能，让大学生能够在多模态协同的环境下主动学习。在大学英语课堂中，教师可以通过多媒体技术来支撑多模态协同的进行，实现教学与学习的互动，通过师生互动的方式来实现多模态协同教学的效果。师生互动是指在大学英语课堂中，教师与学生面对面进行的教学活动。在课堂教学中教师需要将知识点通过文字、图片、音频、视频的形式展现给学生，以吸引学生的注意力，使其更好地理解、接受知识点。与此同时，教师还会通过语言表述、手势动作、面部表情等方式与学生进行互动。例如，在讲解某一知识点的时候，如果学生露出疑问的表情，教师则能够通过视觉模态信息得知学生尚未理解，从而进行深入讲解或换个角度讲解。

（三）大学英语测试评价中应用多模态协同

在大学英语教学对英语"听、说、读、写、译"五项基础能力进行评价的过程中，可以运用基于多模态协同的评价方式。例如，在听力的测试评价中，教师可以预先准备好视听资源让学生在试卷上回答问题；也可以在课堂上进行对话，让学生进行梗概记录，同时调动学生的视觉、听觉系统，并且利用多模态之间的互补性来完成听力测验评价。在翻译的测试评价中，教师可以将笔译与口译的方式结合起来，利用多媒体技术来开展同声传译的翻译练习。对于口语的测试评价而言，当前口语的测试方式主要为进行问答与话题交流两种类型，无法充分展现英语表达的多模态，而利用多模态协同能够更加准确地对学生的英语口语水平进行评价。因此，进行口语测试过程中要表现出语言与伴语言的特点，充分体现语音、语调、符号在口语沟通交流过程中的应用。同时，还要展现非语言的表达，通过表情、手势、动作等与口语沟通相互配合，来对大学生的综合口语水平进行测试评价。

多模态协同下的大学英语课堂教学能够改善大学英语教学中学生欠缺学习积极性、课堂教师与学生之间缺乏沟通、学生与学生之间缺乏沟通的现状。在大学英语课堂教学、师生互动以及测试评价中应用多模态协同，能提高大学英语教学的质量。多模态协同在大学英语教学中的应用能够让大学英语课堂变得更加和谐，能够让学生在积极参与课堂学习的过程中强化自主学习能力。

第二节　激励教学法在大学英语教学中的应用

一、激励学习法

（一）激励教学法的含义及其特点

激励就是激发和鼓励，是指通过影响人们的内在需求或动机，从而加强、引导和维持行为的活动或过程。激励的本质就是激发人的动机，激励教学法是指教师在教育教学过程中，借助一定的方式和手段，激发学生的学习动机，使其产生一种内在驱动力，诱发其积极参与学习的行为，并朝着期望的目标努力，从而提高课堂效率，促进教学任务顺利完成的过程，即通常所说的调动和发挥学生的积极性、主动性和参与性的过程。

美国心理学家威廉·詹姆斯有句名言："人性最深刻的原则就是希望别人对自己加以赏识。"他还发现，一个没有受过激励的人仅能发挥其能力的20%~30%，而当他受到激励后，其能力可以发挥80%~90%。

（二）激励、动机及英语学习之间的关系

罗伯特·舒曼从神经生物学的角度证明，大脑对所接收到的刺激进行评价，从而引起外语学习者情感上的反应，并将这种刺激评价分为五个方面：刺激的新异性、吸引性、目标/需要意义、可处理潜力及个体社会形象。舒曼认为，语言学习动机的强弱和性质是由这些刺激评价不同方面的排列与组合决定的。

钱伯斯另辟蹊径，从相反的方向探索外语学习者缺乏学习动机的原因。在对英国利兹地区的191名失去外语学习动机的九年级学生进行问卷调查后，发现了可能导致学生失去外语学习动机的10种原因。他认为，这些学生最需要的是对他们学习成绩的肯定、奖赏及鼓励。换句话说，也就是学生外语学习动机最直接的来源是外语教师对待他们的态度。在对主流动机理论总结之后，据此向语言教师提出了五条建议。

由此看来，激励在当今重视个性发展的成功教育中起着不可估量的作用。教师在课堂教学中的角色就像一个导演，既是知识的传授者、课堂教学的组织者、课堂活动的控制者，同时又要保持和学生的平等身份，是学生交际的合作者，是一堂成功的外语课的创造者，是帮助学生克服心理障碍、放下思想包袱的心理治疗者。

因此，动机、激励与英语学习是相辅相成、密不可分的。激励就是要通过各种有效手段，激发学生的学习动机，从而提高学习成绩。动机与学习成绩之间是典型的相辅相成的关系，较高的动机水平有利于取得较好的学习成绩，而较好的学习成绩也反过来有利于提高动机水平。

二、大学英语教学中运用激励教学法存在的问题

（一）激励教学法被边缘化

在目前的学校教育过程中，教师的工作被明确地规定为完成一定工作量的教学任务，因此，许多教师工作的重心在知识传授方面，而不是学生培养方面。从教育激励的角度来看，多数教师只是在传授知识，而很少激励自己的学生。他们往往认为学生是否积极主动、富有热情地学习是学生自己的事情，多数教师把学生的学习看成是学生要尽的义务，就如同学生要遵守学校中的规章制度一样，是教师开展教学工作的当然前提，而没有认识到其实这个前提条件是需要教师在学生身上建构的，是教师育人工作的一个重要部分。即使部分教师意识到对学生兴趣的培养是重要的，也不过是把它作为教学的方法而已，而没有认识到培养学生对学习的兴趣比知识学习本身更重要。因此，激励教学法与教学相比是被边缘化了。

（二）教师的激励方法片面单调

教师偏重于激励优秀学生与后进学生，忽视一般学生；偏重于知识学习，忽视学生的情感与意志的发展方面；偏重于激励追求成功，忽视学生的心理健康；偏重于逻辑、语言智力，忽视其他种类的智力；偏重于引导学生遵守纪律，忽视学生的创新、求索；偏重于教师的个人喜好，忽视教育的应有规律与目的。

（三）激励教学法的作用没有得到充分发挥

教师职业的机械性加强了，而育人角色在弱化。教师激励数量的有限、手法的片面与单调都使激励的效果非常有限。无论是从学生的心理需要还是从社会对教师职业的期望来看，教师对教育激励的掌握与运用都与之存在巨大的差距。教师只看到学生知识与技能的掌握与否，而对学生的心灵塑造常常无动于衷，学生也常常感到教师是某一学科知识的代表，是知识的传授者，与教师之间缺少深入的心灵上的沟通。学生求学过程中所遇到的教师可能有几十个，但是能在心灵发展过程中留下深刻印象的却不多。教育激励的缺乏常导致学生品质、人格、精神发展的不完善。

三、大学英语教学中有效运用激励教学法的建议

（一）增加运用激励教学法的意识

许多教师认为激励教学法只适用于中小学生，对大学生的效果不明显。事实上，大学生也需要激励。笔者曾尝试着运用了考试激励法，其结果显示良好。研究将学生的期末成绩分为两部分，平时成绩占30%，期末成绩占70%。通过课上考核学生对学过的单词和词组的记忆调动学生学习的积极性，结果发现学生开始晨读，这种情况前所未有。由此看来，激励教学法同样适用于大学生。

教学活动不论处于哪个环节，都离不开教师的主持、参与和引导，这就要求教师具备担当多种角色的综合能力。调查显示，在被问及影响英语学习动机的主要因素时，大多数学生将"教师"列为首位，他们认为英语教师的以下品质有助于激发他们的学习动机：精通英语；认真备课；授课生动有趣；热情幽默，考虑周到；对学生一视同仁；教法灵活，不拘一格；使学生参与到课堂活动中去；使学生充满自信。

因此，教师要从自我做起，努力钻研专业知识，认真备课，提高自身的综合素质。同时，教师要树立激励学生、学习动机的意识，在激励理论的指导下，合理正确地运用激励教学法。

（二）有效运用激励教学法时应注意的因素

激发自主性。对于命令，人们有一种天然的抵制心理，自主是人们与生俱来的需求。每个学生都希望有自我选择的自由，而不是被强制参与自己不喜欢的活动。因此，教学中教师应还给学生这一权利，使其自主地从事学习活动。《新编大学英语》这套教材就很有助于激发学生的学习自主性，因为这套教材的每一个单元都有可让学生参与进来的话题。教师在使用这套教材组织课堂教学时，应当留出时间让学生对这些话题进行讨论，从而激发学生的学习自主性。

鼓励自我实现。动机的缺乏很大程度上源于自信的缺乏。经过艰苦奋斗却屡屡失败的学生很难对学习产生兴趣。相反，如果能不时地体验成功，就会对自己的能力充满信心，参与学习活动的热情也就越高。每个学生都有正视自己能力的愿望，正是这种愿望赋予其克服困难的勇气和持之以恒的精神。让学生体验成功，肯定其学习的潜能，有助于激发学生的内部动机。在大学英语教学中，教师应该合理设置教学目标，让学生体验到"跳一跳就能摘到一颗葡萄"的快乐。如此，不时地体验成功有助于开发大学生的学习潜能，从而激发大学生的学习动机。

建立平等的评价体系。在英语教学中，当学生尤其是学困生，在课堂上不能与你配合时，甚至文不对题乱说一通时，一句鼓励的话或一个信任的眼神都可以帮助他们端正学习态度。相反，若我们对学生的评价采取"一把尺子""一刀切"的办法，从一个方面对所有的学生进行分等，这就使学生特别是学困生，得不到正确的评价而陷入更加困难的境地。在这种评价体系的支配下，一再失败的学生无法发现自己、激励自己，从而失去了他们发展过程中追求成功的努力和信心。因此，在教学活动中要适应学生起点，每一个学生都是不同的，对学生的评价重激励、重发展、重能力。

注重身体语言的应用。恰当地运用身体语言将收到"此时无声胜有声"的效果。教师的一个眼神、一个微笑能给课堂带来亲切、和谐的气氛，使学生迅速产生一种向上的、愉快的求知欲。学生起来回答问题时，教师上身前倾，缩短彼此的距离，两眼平视对方周围一带以示诚意，使学生感觉到教师在关心他的话题，从而回答得更生动、更热情。尤其是当学生回答错问题或由于紧张、害羞答不上来时，教师以期待、亲切的目光注视学生。面带微笑，轻轻点头以示鼓励；微微摇头，暗示学生纠错，很快便能消除紧张的心理状态；学生成功地回答问题后，教师给予亲切的握手，将会使学生倍加振奋。

（三）掌握英语激励教学法的运用技巧

激励教学法有其自身的特点和思想理论体系。因此，除一般性英语教学技巧外，有一系列相对独特的教学技巧。激励教学法的教学技巧很多、比较零散，更具灵活性、更为个性化。英语学习动机的外部激励因素主要包括以下方面：教师的素质及能力、学习者的学习成就、学生间积极竞争、适当的表扬和诱导、良好的课堂氛围、竞赛及考试的过程和结果等。

创造良好的学习环境，唤起英语学习动机，激发学生学习的欲望。教师营造的课堂气氛极大地影响着学生的学习动机和学习态度。良好的英语学习氛围和环境是激发英语学习动机的外部条件。教师应在教学中创设一种使学生感到安全、宽容和有利于学生发展的学习气氛，对每个学生表现出真诚的关注，突出强调学习过程和学习任务的价值，而不要过分关注学习结果，使学生减少焦虑。教师用英语说几句日常用语或讲一个风趣幽默的故事，以此来唤起学生学习的意识，使其自然地进入学习英语的环境中。这时，教师要有意识地进入"导师"和"助手"的角色，尊重学生的个性，民主教学，建立和谐、愉悦的师生情感。

巧设情境，为学生创造成功的机会，给予成功的满足。英语学习和其他科目一样，要靠师生的共同努力，所以在英语教学中，不要忽视在课堂中还有这样的一个小群体，他们自觉性差、学习欠主动，又爱面子、怕说错，往往不敢开口。在教学中，笔者抓住这部分学生的心理特点后，决定帮助他们纠正这种不良习惯。首先帮他们养成开口的习惯，再由易而难，逐步增加课堂提问的难度。当他们回答问题有困难时，就为他们搭桥，模仿他人练习；如果这部分学生有坐在前面的，就让后面的学生先答，依次向前，轮到他时也就会模仿别人开口了。这种变换形式的教学方法有力地促进了落后生也跟着开口、动脑，使他们自始至终都能全身心地投入学习，不知不觉地提高了他们的学习兴趣，帮助他们自觉地走出阴影，迈出走向成功的第一步。

适当开展竞赛，提高学生学习的积极性。竞赛是激发学习动机、调动学生学习积极性的有效手段，因为竞赛能唤起优越感和满足学生受他人认同、赞扬等心理需求。竞赛的形式要注意采取自己与过去的竞赛、个人之间的竞赛和集体之间的竞赛相结合。通过竞赛，学生的好胜心和求知欲更加强烈，学习兴趣和克服困难的毅力会大大加强。多开展小组或班级等集体之间的竞赛或自我竞赛，以促使其互相帮助，为达到共同目标而共同努力，有助于培养学生的合作精神。

事实证明，在大学英语教学中，注意激励教学方法的运用，不仅可以激发学生的学习兴趣，还可以提高学生的自信心。学生的成功源于学生的信心，学生信心的形成往往源于教师的激励。所以，教师在教学中运用激励性评价有益于学生树立自信心，积极进取，在学习上取得新的成功。

第三节　大学英语多元互动教学模式的应用

在当今全球化的发展背景下，无论是社会经济、科学技术以及文化教育等各个领域，传统的理念与方式都普遍受到了信息技术革命所引发的冲击。随着信息技术的逐步发展，信息更新与知识迭代的速度不断加快。与之相应的，在大学英语教育教学领域，大学英语的传统课堂教学模式已经无法完全适应信息时代的环境变化，大学英语课程改革的内在需求逐步凸显，社会对外语复合型人才的综合语言运用能力也提出了更高的要求，大学英语的课堂教学模式改革势在必行，这也将是当前高等教育发展的重要任务之一。

大学英语课程的课程要求明确了大学英语是以外语教学理论为指导，以英语语言知识与应用技能、跨文化交际和学习策略为主要内容，并集多种教学模式和教学手段为一体的教学体系。2007 年教育部颁布的课程要求也明确指出，"各高等学校应充分利用现代信息技术，采用基于计算机和课堂的英语教学模式，改进以教师讲授为主的单一教学模式，新的教学模式应以现代信息技术特别是网络技术为支撑，使英语教学可以在一定程度上不受时间和地点的限制，朝着个性化和自主学习的方向发展"。因此，大学英语的多模态互动教学将是大学英语课堂教学改革的主要发展方向。所谓"多模态互动"主要指区别于传统的单一的静态的、以教师讲解课本的书面语言为主要内容的以教师为主体的英语课堂教学模式，而采用综合运用多媒体与网络技术所开展的视、听、说等动静结合，电子与书面结合的、教师讲解与学生或学生小组讨论、交流相结合的师生互动、生生互动的教学模式。

一、构建大学英语多模态互动教学模式的必要性

多元化的大学英语课堂教学环境的需要。多元化的社会经济文化的发展需要具有高素质和高水准的具有较强的语言综合运用能力的人才，随着计算机与网络信息技术的日新月异，多媒体教学模式具有传统的书本教学所不具有的开放性、实时性等特征，强大的数据库具有比教师大脑更优越的知识、信息、资源的储备，能更好地模拟语言场景，提供全方位的听、说、读、写、译的训练环境。多媒体教学平台能够充分运用网络资源，给学生提供极其丰富的符合课程背景的学习资源，打破了原有课堂的局限性。语言学习的资源更丰富，获取的方式更便捷，资源的广度与深度则更开放更自由。同时，语言学习可以较少受到时间、地点、环境的限制，可以单次也可以循环多次的学习。同时，教师与学生的沟通方式也发生了深刻的变化，可以不再局限于课堂和办公室，可以是线上线下相结合，教学交流、作业提交可以通过邮件、QQ 或其他各种聊天软件及相关的教学软件平台来实现。这种立体化的交互方式极大地补充了原有传统课堂教学的不足，为多模态互动教学模式的开展提供了可能。

教师与学生课堂角色重新分配的需要。传统的单纯以教师为中心的教学模式已经无法满足大学英语教学的需要，在大学英语课堂教学中，知识传授已经不占有主导地位，而学生的自我学习能力的提升和英语实际运用能力的培养则是大学英语教学的重要任务。在这一转变的过程中，教师需要在大学英语课堂教学中充分树立以学生为中心的观念，学生的自我学习能力和英语运用能力培养的模拟环境才得以构建。教师通过设定课堂活动的内容与主题，提供学生英语交流的实践平台，在这一过程中教师承担起课堂活动的组织者与评估者的角色，通过不断激发学生自主学习的积极性，发挥学生的主观能动性，得以完成以学生为中心的课堂建设。师生的课堂角色得以重新分配，只有充分引发学生的学习兴趣，唤醒学生的学习意识和独立思维，鼓励学生发展个性、展现自我、发掘潜能，为学生提供全面的充分的课堂实践机会，才能使大学英语教学的课堂摆脱单调和枯燥的局面。兴趣是学习最好的老师，学生无论是被新颖的教学方式所吸引还是被独特的教学内容所吸引，都会极大地提升教与学的良性互动，有利于学生更好地掌握与吸收所学的知识，并能在兴趣的引导下，主动、积极地进行相关的自我探索式的学习，从而有利于培养学生的英语综合运用能力和创新思维能力。

过程式教学评价模式发展的需要。多模态的互动教学模式为对学生进行立体式的多元化的教学评价提供了可能。教学评价是教学活动中非常重要的环节，对于学生及时了解和掌握自身的学习状况，调整自己的学习进度和学习方式显得尤为重要。以往的传统教学模式基本通过纸质的试卷与练习，尤其是期中、期末的测试完成教学评价工作，缺点是评价标准单一、滞后，一定程度上造成了一些学生高分低能现象。大学英语的实际运用能力的培养近年来不断受到社会各界的高度关注与重视，而如何在课堂内真正实现对学生实际运用能力的培养和提升是大家普遍关注的问题。课堂的综合性过程性评价从一定程度上为教师与学生对于实际能力的考查与评价提供一个平台和一种尺度，更为全面、公平、客观、综合地评价学生在整个学习阶段在教学活动中的参与度、与小组其他成员的配合度、课外拓展学习的自觉性和在课堂展示中的实际表现情况，从而真正提升英语实际运用的能力训练在大学英语课堂教学中的地位。

二、大学英语多模态互动教学模式的应用

教学活动设计。教学活动的设计是有效开展多模态互动教学的关键。在多模态互动教学模式中，教师不仅是传统意义上的知识的讲解者，更是整体教学活动的设计者、组织者、评估者，因此，学期初，教师就应仔细分析《教学大纲》和教材，明确教学目标，结合教学目标规划并设计该学期的若干教学任务。学期课程开始时，任课教师就应就该学期的课程要求、重点任务安排、考核内容及要求、学生小组的分组与安排以及多媒体课件、教学软件平台运用、作业提交、师生线上交流方式等内容与学生进行充分的沟通，使学生了解多媒体互动教学模式的过程化评价特征，强调生生协作与师生互动的交流与学习模式，以

便于学生提高对学期课程学习方式的总体把握，自觉提高课程任务的主动参与度。

单元主题导入。大学英语的课程以单元主题为贯穿，综合了听、说、读、写、译等各方面的语言要求，因此，在进行多模态互动教学的实践中也要结合各单元主题设计有针对性的教学活动，对于较好地开展大学英语课堂的多模态互动模式具有非常重要的意义。大学英语《课程要求》中明确了除培养学生的英语综合应用能力、发展学生的自主学习能力外，提高学生的文化素养依然是大学英语教学的主要教学目标，大学英语教学的"人文性"特征不可忽视。以教育部推荐的普通高等教育"十五""十一五"国家级规划教材《全新版大学英语》为例，教材设计中已充分考虑了大学英语通识教育任务，对于在学生成长阶段所需要学习和思考的主要议题都有所选取，如"成长、代沟、价值观、男女平等、教育和科学发展"等议题都以单元的形式进行了设计，教师可以在充分利用教材的同时，围绕主题发掘相关的视、听、说、读的材料，在语言输入环节进行同主题多维度、多形式的导入，使学生充分浸润于主题相关的语境，通过指导阅读和文本分析，使学生熟悉相关的词汇与表达方式，了解有关的信息与不同的见解，激发学生的想象力，提供学生多维度的思考空间，从而为学生参与讨论并形成自己的独立观点做好准备。

小组讨论及活动准备。这一环节以课内与课外相结合进行展开，教师在主题导入后，结合主题，提出讨论议题，可结合课文内容及拓展材料，要求学生进行阅读、描述、总结、讨论等学习活动，以小组为单位，进行分组讨论及活动展示准备，可以是小组讨论汇报，可以是个人观点陈述或演讲，可以是课堂组队辩论，可以是PPT的论题阐述及课堂展示。在讨论及课堂展示的准备阶段，教师可就话题，预设各种细节性及思辨型议题，引导学生进行多维度的思考，拓展学生的思维空间。教师需要就课堂活动的展示形式及要求给予学生具体的指导并解答学生的疑问，教师也需要引导学生在小组内部分工的基础上，利用课后相关议题进行资料收集和整理，相互切磋讨论，最终形成综合性报告。

教学活动展示与评价。这是检查教学活动设计是否合理及学生能否充分理解并运用所掌握的信息与材料，就相关议题形成思辨型独立见解的关键。学生可以展现学习成果，小组讨论意见的总结、作品的表演、PPT的展示等，学生及学生小组的学习与综合运用能力得到了集中的体现。学生通过相互观摩、相互点评，形成良好的生生互动的气氛。在这一环节中，学生是课堂的主体，是课堂活动的主角，教师则更多地担负了组织者、协调者和评价者的角色。但教师的评价依然非常重要，教师需要依赖长期的教学经验，善于观察并能指出学生在实践中的得失，旨在鼓励并保护学生的参与热情，并有针对性地提出可操作的改良方案。

大学英语多模态互动教学模式的应用尚处于摸索与实验阶段，但这一模式立足于当前网络时代的信息传输技术的快速发展，较好地构建了课堂内外、教师与学生间、视听说读译的立体交互教学平台与模式，必将深刻影响未来大学英语教学的整体发展。这种模式的开放性、灵活性、互动性是原有的传统教学模式所不能比拟的，但要真正、充分地运用这一模式，对于大学英语教师与学生都提出了比较高的要求。如何完善教师与学生在课堂角色上的重新定位，突出以学生为主体，教师如何从主体逐步过渡到组织与设计与评估的角色，教师如何在突出单元主题的过程中提供多维度的有效资源，如何有效促进、督促并保证教学任务呈现的效果，这都极大地考验着教师的经验与智慧，教师在实际操作过程中需要通过不断地创新与实践，去发掘适应各种不同学生的个性化的激励、引导、督促和评价方式。大学英语多模态互动教学模式培养了学生的语言综合运用能力，以及协同合作能力和社会交往能力，为培养英语的复合型人才打下了扎实的基础，必将是大学英语教学课堂模式改革发展的主要方向。

第四节　大学公共英语教学中英语的应用

随着我国教育事业的不断发展、新课程改革的逐渐完善，大学公共英语也相应地有了新的发展要求。现代英语教学不应该再局限于死记硬背，而是注重应用能力的培养。本节紧扣英语实际教学，探讨了教育者如何凸显英语的实用性，目标明确地培养学生对英语的应用能力。

在大学公共英语教学中，学习能力与综合应用能力有紧密联系，综合应用能力的有效培养，需要完成自主学习能力的有效培养，进而完成大学公共英语教学中英语应用能力的培养，争取促进学生综合应用能力的有效培养。并且，英语学科的实用性一直被忽视，尤其是在大学教育阶段更应该注重英语教育。英语教学贯彻创新素质教育的不断发展，教育者更加关注英语教育中英语的实用性，在教学中，着重培养学生理解表达能力和阅读写作能力。

一、综合应用能力概述

在大学英语教学中，培养学生英语的应用能力非常重要，英语应用能力在综合应用能力的范畴内，在对学生英语应用能力进行培养的过程中，又能够促进学生综合应用能力的有效培养。近年来，大学英语教学改革越来越深入，不断对学生英语应用能力的培养进行强调，本节基于学生英语应用能力培养的重要性与现状，提出了相应的教学建议，以期提升大学英语教学的有效性。

对大学生公共英语综合应用的能力进行培养时，大多教师会从英语应用能力的培养入手，在学生有效完成学习活动的过程中培养其综合应用能力。一般情况下，大多数大学生完成学校中的学习后都会以独立而自由的个体进入社会中，因此，对于大学生的培养，除了必要的知识外，需注重自主性、独立性、创新性等方面的培养，使学生进入社会后具备终身学习的意识与能力，具备对英语应用能力进行提升的能力。在大学英语专业的教学中，英语应用能力指的是学生获取英语知识、将英语知识迁移到实际生活中、应用英语灵活进行交际等方面的能力。对大学生公共英语应用能力进行培养时，要求教师将学生当作教学活动开展的中心，为学生组织一系列需要学生针对探究、合作完成的学习活动，使学生可以参与习得知识的整个过程，在此过程中对学生综合应用能力进行有效培养，使学生可以将英语知识灵活应用到各种场合中，并不断提升自身的英语水平。实际上，对英语应用能力进行培养蕴含着终身教育思想，在培养学生英语综合应用能力方面有重要意义。

二、分析大学生公共英语综合应用能力培养的现状

学生在教学过程中的主体地位不够突出。现阶段，大学英语专业英语课程改革日渐深入，在改革过程中，不断对学生的主体性进行强调，但在班级设置、教学任务、教学模式等多个因素的影响，英语教师对教学活动进行开展时，教师仍然是课堂的主角。另外，部分英语教师所用教学方法还比较传统，照本宣科地将英语相关理论知识灌输给学生，学生难以有效参与学习过程，这严重影响着学生英语应用能力的有效培养。

所用教学模式较为传统。对于英语专业的学生来说，英语四、六级考试必须通过，而相关调查结果显示，80%以上的大学生对英语进行学习的主要目的是通过英语四、六级考试，这些学生一般不会主动参与教师组织的教学活动，而是大量对词汇进行背诵，并做大量的练习册。这虽然在一定意义上也属于一种综合学习的表现，但难以实现英语知识综合应用能力的有效培养。另外，尽管现阶段相关教育部门已经对大学应用四、六级考试进行改革，四、六级考试越来越倾向于对学生英语综合应用能力进行考查，但从就业市场方面看来，很多用人单位仍然将四、六级成绩当作对英语专业学生的主要评价指标。受此影响，大学英语教学仍然或多或少残留着应试教育的影子，教师过度注重学生英语理论知识的提升，在一定程度上忽视了综合应用能力的培养。

"学以致用"难以实现。目前，部分高校对英语教学的教材进行选择时，教材中的内容与学生实际生活还有一定距离，英语专业的英语教学内容大多注重对学生听、说、读、写等方面的能力进行培养。在这样的英语教学中，所涉及的英语大多为书面英语，与实际生活的联系性不强，应用性英语知识不多，即使不断对英语针对口语学习活动进行组织，使学生对英语知识进行学习，也难以实现学生综合性英语应用能力的有效培养。此外，在班级容量、教学时间等限制下，现阶段大学英语教学仍以课文的精读为主，在其中穿插少量的口语与听力练习，难以实现学生英语交际能力的有效培养。

三、大学生公共英语综合应用能力有效培养的教学建议

更新教育理念，创新教学模式。在教学实践中，教育理念直接关系到教学活动的组织是否可行、有效，目前，建构主义、交际理论、人本主义理论等教育理念都已经逐渐被融入英语教学中，这些理论的融入，在很大程度上促进了英语教学质量的有效提升。因此，在对英语专业学生进行英语教学时，教师应该注重教育理论的更新及教学模式的创新，将

以人为本的理念融入教学活动的组织过程中，以"学习论"来对传统教学中的"教学论"进行替代，使学生可以积极地参与学习的整个过程，从而实现"以学生为中心"的教学。此外，教师还应该注重学生语言应用能力的培养，逐渐将"知识与技能传授"的英语教学模式转换为"学习能力培养"的教学模式，使学生成为知识的建构者，主动对自己的英语知识结构进行建构。在具体的教学中，教师需注重教学模式的创新，为学生创建更多可以积极参与学习过程的机会，并对一些探究任务进行设置，布置给学生，要求学生以正确探究的形式完成，这样才能够实现学生英语语言应用能力的有效培养。

发挥学生的主体性，实现学习能力以及综合能力的有效培养。

使学生在教学过程中的主体性得到有效发挥，需从教师角色的转变入手。在传统的大学英语教学中，课堂教学最主要的内容是教师的讲授，学生对英语的学习由教师主导。而对学生英语综合应用能力进行培养的大学英语教学需将学生作为中心，需要在交互式、启发式的教学模式下进行，只有在这样的教学模式下，学生才不再是知识的被动接收者，而变为信息的有效加工者、知识的主动建构者。在具体的教学中，教师需将小组合作、任务教学法、情景教学法等具有实践性的教学法积极引入，为学生组建一系列可以亲自参与其中的教学活动。例如，教师可积极引入小组合作的教学方法，在关于阅读与写作的教学中，教师可依据实情将学生分成不同的小组，为学生提供一些名著书目（全英文），指导学生以小组合作的形式完成阅读，共同用英语做出一篇读书报告，并推选出一名小组成员上台进行报道。在这个过程中，为了做出更为精彩的读书报告，学生势必会积极展开小组讨论，共同对书本中共同的句子、观点进行总结，相互进行讨论，并共同对观点进行总结，这样，可对学生学习英语的能力进行培养。与此同时，在上台报告的过程中，学生可倾听其他小组的观点，并将自己不同的看法提出，还可对上台报告学生的英语口语、表达能力进行提升。这样，不但可以有效培养学生学习英语的能力，而且能够促进学生英语综合英语能力、综合素质的培养。

引入分层异步教学，实现"因材施教"。在对大学生实施英语教学时，教师需注重学生个体化差异的尊重，依据学生的具体情况，对教学方法进行灵活转变，以实现学生的全面发展。因此，在对学生英语综合应用能力进行培养的过程中，教师需注重个性化教学的实施，对于不同的学生，设置不同的学习任务、提出不同的要求，以帮助学生找到适合自己的英语学习方法，进而让学生进行有效的学习，在学习的过程中不断提升英语应用能力。对此，高校可对英语课程进行分级设置，一般为一至四级，依据学生英语水平，将学生分成不同的班级，在各个层级的班级设置不同的学习起点。同时，高校还可对语言技能、语言文化、综合英语等课程进行开设，以选修课的形式供不同的学生选择，使学生选择自己感兴趣的英语课程进行学习，以激发学生英语学习的兴趣。此外，高校还应该注重网络教学的实施，设置"助学课件"供学生在网络上有效的下载并学习，让学生能够依据自己的英语水平对学习进度与重点进行把握。比如，英语基础较差的学生可以侧重于词汇、语法的学习，听力较差的学生可以反复对听力材料进行聆听，口语较差的学生可以通过影片等进行模仿练习，英语水平较高的学生对其他感兴趣的英语材料进行选择与学习，进一步对自身英语水平进行提升。在活动中，可对学生英语语法、英语口语、语言应用等多方面的水平与能力进行提升。

拓展第二课堂，实现英语应用能力的有效培养。大学生公共英语综合应用能力的培养不能单一局限于第一课堂，还需注重第二课堂的拓展。对此，英语教师可积极与学校团委、社团等合作，共同对英语演讲比赛、英语交流茶话会等活动进行组织，为学生提供更多用英语交流的机会，使学生英语应用能力得到提升。与此同时，如果对与英语相关的活动进行了组织与举行，教师与学校都应该对参赛学生做出相应评价，教师的评价需以鼓励性语言、语气为主，使学生学习英语的信心增强，学校的评价可进行全校表彰、颁予荣誉证书、给予学分奖励等。这样，可在全校范围内形成浓厚的英语学习氛围，使学生受到感染，对英语进行学习，参与教师组织的教学活动，以及学校组织的英语竞赛、英语交流等活动，使学生英语综合能力在参与活动的过程中得到培养，让学生可以灵活地将英语知识应用到实际生活中，灵活地应用英语与他人进行交流。

总之，在对大学英语专业学生进行英语教学时，学生英语知识综合应用能力的培养极为重要，直接关系到英语专业对人才进行培养的质量。因此，相关英语教师应该不断对教育理论与教学模式进行更新，将学生英语水平的提升与可雇佣能力的培养有机融合起来，在培养学生良好英语学习习惯、英语学习能力的同时，对学生英语知识应用能力、综合素质等进行提升，使学生能够全面发展，以培养出更为优秀的英语专业人才。

第五节　英语新闻输入在大学英语教学中的应用

教育部高等教育司发布的《大学英语课程教学要求》将大学阶段的英语教学要求划分为三个层次：一般要求、较高要求、更高要求，并分别就听、说、读、写、译从三个方面做了要求。阅读理解能力有三个层次的要求：能借助词典阅读本专业的英语教材和题材熟悉的英文报刊，掌握中心大意，理解主要事实和有关细节；能基本读懂英语国家大众性报刊上一般题材的文章；能阅读国外英语报刊上的文章。2016 年，大学英语四级考试听力部分进行了局部调整，取消了短对话和短文听写，新增了短篇新闻听力。那么在大学英语学习过程中学生的英语新闻输入情况到底怎样？教师如何在大学英语教学中引导学生进行英语新闻的输入呢？

一、英语新闻输入问卷调查数据分析

此次问卷调查主要包括英语新闻阅读习惯、英语新闻阅读目的和效果、英语新闻阅读兴趣、英语新闻阅读途径和来源、英语新闻输入的必要性、英语新闻阅读障碍和需要的帮助等方面。调查对象为西北大学现代学院 2016 级财务管理专业两个班的学生。此次调查共收回问卷 110 份，有效问卷为 110 份，有效率为 100%。问卷共设计了 12 道题目，包括 11 道选择题和 1 道问答题。

英语新闻阅读习惯。"你有阅读英语新闻的习惯吗？"调查结果显示，有阅读英语新闻习惯的有 26 人，没有阅读英语新闻习惯的有 84 人，分别占被调查者的 24% 和 76%。由此可见，学生的英语新闻阅读习惯还需要加强。

英语新闻阅读目的和效果。"你阅读英语新闻的目的是什么？"调查数据表明，学生阅读英语新闻的目的具有多样性，选择了解时事新闻、扩大词汇量、了解不同文化提高跨文化交际能力、完成课堂活动、为四级英语听力考试做准备的分别有 49 人、58 人、52 人、54 人和 60 人。有 55% 的学生阅读英语新闻是为四级英语听力考试做准备。"阅读英语新闻对你有哪方面的帮助？"认为只有助于了解时事新闻、扩大词汇量、了解不同文化提高跨文化交际能力、提高四级英语听力水平的分别有 4 人、6 人、2 人和 2 人，其他学生认为通过阅读英语新闻得到的帮助是多方面的。如认为扩大词汇量的有 86 人，认为提高四级英语听力水平的有 63 人。

英语新闻阅读兴趣。"你对哪方面的英语新闻感兴趣？"其中对政治、体育、娱乐新闻感兴趣的分别有 1 人、1 人和 6 人，其他学生对政治、经济、军事、科技、体育、娱乐新闻等方面的兴趣也是不同的，如对政治科技娱乐、经济科技娱乐感兴趣的分别有 10 人和 8 人。"在本学期的英语新闻输入活动中，你选择了哪方面的新闻报道？"据了解，学生选择的话题涵盖各个领域：政治、经济、文化、科技、体育、娱乐等。网络的普及和智能手机的应用使学生获取各个方面的新闻信息成为可能。

英语新闻阅读途径和来源。"你主要通过哪些途径阅读英语新闻？"问卷结果显示有 107 名学生选择网络这一方式阅读英语新闻，占被调查者的 67%。"你经常阅读的有哪些英文报刊和网站？"有 60 名学生选择《中国日报》，占被调查者的 55%，这与课堂活动中学生获取英语新闻的来源是一致的。

英语新闻输入的必要性。"你觉得大学英语教学中英语新闻输入有必要吗？"有 106 名学生认为有必要，占被调查者的 96%。"你觉得英语新闻输入对你有哪方面的帮助？"认为只有助于了解时事新闻、扩大词汇量、了解不同文化提高跨文化交际能力、培养阅读习惯、为四级英语听力考试做准备的分别是 1 人、2 人、1 人、1 人和 2 人，其他学生都认为英语新闻输入可以为他们提供多方面的帮助。比如了解时事新闻的有 66 人，扩大词汇量的有 77 人，了解不同文化提高跨文化交际能力的有 65 人，培养阅读习惯的有 56 人，为四级英语听力考试做准备的有 54 人。

英语新闻阅读障碍和需要的帮助。"在阅读英语新闻时，你遇到了哪些障碍？"调查数据表明学生在词汇、文化背景、新闻特点等方面都存在不同程度的问题，其中有 103 名学生认为在词汇方面有困难，有文化背景障碍的为 57 人，还有 27 人认为由于对新闻特点不太了解而造成阅读英语新闻时的障碍。"在提高英语新闻阅读能力方面，你还需要哪些方面的努力？"认为需要扩大词汇量的有 103 人，了解文化背景的有 64 人，了解英语新闻特点的有 60 人。

"在提高英语新闻阅读能力方面，你还需要什么样的帮助？"根据调查数据统计，65% 的学生认为需要多方面的帮助，如教师的辅导、资料的获取、阅读环境的创设等，其中有 78 人认为需要创设阅读环境、74 人认为需提供资料的获取途径、47 人认为教师的辅导很重要。

二、英语新闻输入在大学英语教学中的应用

根据调查结果分析及《大学英语课程教学要求》，在大学英语教学中进行英语新闻输入是十分有必要的。首先，96% 的学生认为大学英语教学中十分有必要进行英语新闻输入；阅读英语新闻有助于学生了解时事新闻、扩大词汇量、了解不同文化提高跨文化交际能力、提高四级英语听力水平等。其次，学生在阅读英语新闻时会遇到不同的障碍并需要相应的帮助，教师在大学英语教学中对英语新闻特点等进行相应的讲解有助于学生更好地理解新闻内容，进而培养学生阅读英语新闻的习惯。最后，新闻涵盖各个方面，如政治、经济、军事、科技、体育、娱乐等，阅读英语新闻既能满足学生的不同需求和兴趣，又能拓宽学生的视野，提高学生的跨文化交际能力。

课堂活动设计。由调查数据可知，76% 的学生没有阅读英语新闻的习惯，所以在大学英语课堂教学中增加英语新闻输入可使学生由最初的"被动"阅读转变为"主动"阅读，进而营造班级良好的英语新闻阅读氛围。在大学英语教学中，教师和学生可以将自己感兴趣或热议的新闻话题分享给班级同学进行讨论；教师应根据课程内容安排学生阅读相关英语新闻并进行总结和阐述。这一活动不仅能够活跃课堂气氛，还能够增强学生阅读英语新闻的意识，并加强英语新闻的输入。

教师的指导。在阅读英语新闻时，学生会遇到不同的障碍，尤其是英语新闻词汇的特点给学生造成了很大的困扰，这就需要教师及时给予指导和帮助。

以《英语报刊阅读》中的一篇新闻报道部分句子为例，其中，使用借喻修辞手法的有 "White House officials dismissed the notion of any campaign to discredit Greenspan"，"White House" 指代的是布什政府；使用首字母缩略词的有 "But anotherGOP panelmember, Jim Bunning of Kentucky, has been sharply critical of Greenspan for some time and recently complained to him……"，"GOP(Grand Old Party)" 指大老党，美国共和党的别称。使用简缩词的有 "The Fed chairman said future tax cuts should be paid for, either by spending cuts or tax increases." "Fed(Federal Reserve)"指美 联储；"The committee's Republican chairman, Sen.Richard Shelby of Alabama, told Greenspan……" "Sen.(senator)"指参议员。

为了提高学生阅读英语新闻的能力，使其更好地理解报道内容，教师对英语新闻标题的语法特征进行讲解也有一定的必要性。以《中国日报》中某些新闻标题为例，时态

的使用：英语新闻标题中一般现在时的使用给读者一种"及时性"的感觉，如 Xi, Trump exchange views on China-US cooperation；Shenzhou XI return capsule touches down。分词的使用：动词现在分词的使用表示正在进行的动作，如 BYD buses makingLiverpoolgreener；Returned pandasadaptingtonew Sichuan home；动词过去分词的使用表示被动语态，如 Long March anniversary marked with album of generals' portraits；Trapped Chinese tourists safely evacuated from quake-hit area in New Zealand；动词不定式的使用表示将来，如 Chang'e 5 lunar probe to land on moon and return in 2017；Thailand to cut visa fee for tourists from 18 countries。

　　对英语新闻结构的了解有助于学生在阅读时把握重点、分清主次。倒金字塔结构是英语新闻写作中常用的一种结构，即按照重要性递减的顺序组织新闻内容。以《中国日报》中的一篇报道为例：Xi vows non-stop effort in reform, opening up。在新闻的第一段，即导语部分就说明了人物、时间、事件等关键信息：Chinese President Xi Jinping on Wednesday promised non-stop effort in reform and opening up and commitment to an open economy。了解新闻结构的特点有助于学生理解整篇报道的内容，能够提高学生阅读英语新闻的自信心和效率。

　　《大学英语课程教学要求》对学生阅读英语新闻能力做了相关的规定，而问卷调查却发现大部分同学没有阅读英语新闻的习惯。那么在大学英语教学中进行英语新闻输入就成为培养学生阅读习惯的关键组成部分。网络及智能手机的广泛应用使学生更方便地获取英语新闻材料，如人民网、新华网、国际在线、美国有线电视新闻网络、《中国日报》、VOA英语听力、流利阅读等；学校也可以在图书馆报刊阅览室提供纸质的英语新闻资料供学生阅读。通过课堂活动及教师的指导，相信学生能够克服障碍进行英语新闻阅读，并形成良好的阅读习惯。虽然问卷调查在广度和深度上仍有待提升，但在一定程度上反映了独立学院非英语专业学生阅读英语新闻的情况，并对大学英语教学有一定的启示。

参考文献

[1] 张学新.对分课堂：大学课堂教学改革的新探索 [J].复旦教育论坛，2014，12(05)：5-10.

[2] 汪军，严晓球.近十年来国内大学英语大班教学研究综述 [J].教育学术月刊，2011(11).

[3] 杨淑萍，王德伟，张丽杰.对分课堂教学模式及其师生角色分析 [J].辽宁师范大学学报 (社会科学版)，2015(09).

[4] 张博雅.对分课堂：大学英语课堂教学改革的新思路 [J].科学与财富，2015(12)：803.

[5] 柴霞.基于"对分课堂"的大学英语教学实践与反思 [J].曲阜师范大学公共外语教学部，2016(06).

[6] 谷陟云.罗杰斯的人本主义教育观及其启示 [J].现代教育科学，2009(10).

[7] 陈爱梅.人本主义学习理论及对外语教学的启示 [J].辽宁师范大学学报，2003(3).

[8] 王健芳.外语教学改革与实践 [M].南京：南京大学出版社，2016.

[9] 孙立伟.对数字化教学资源建设的思考 [J].新西部，2007(12).

[10] 杜振华.英语资源服务器及网络语音室的安全管理与实践 [J].中国科教创新导刊，2008(1).

[11] 李建萍.分级教学背景下大学生英语词汇学习策略的调查和分析 [J].黄山学院学报，2009(8)：99.

[12] 汤闻励.非英语专业大学生英语学习"动机缺失"研究分析 [J].外语研究，2012(1)：70-75.

[13] 李艳，韩文静.孔子因材施教的教育思想简述 [J].吉林教育学院学报，2008(4)：39.

[14] 刘英爽.国际化背景下大学英语跨文化教育的瓶颈和转型趋势 [J].教育评论，2016(7)：115-117.

[15] 王汉英，胡艳红，徐锦芬.美国康奈尔大学外语教学观察与思考 [J].教育评论，2015(7)：165.

[16] 秦秀白，张凤春.综合教程 3(学生用书)[M].上海：上海外语教育出版社，2014.

[17] 王允庆，孙宏安.高效提问 [M].高等教育出版社，2016.

[18] 赵周，李真，丘恩华 . 提问力 [M]. 北京：电子工业出版社，2018.

[19] 陈帅 . 大学英语修辞教学探析 [J]. 湖北经济学院学报，2013(9)：203-205.

[20] 王涛 . 大学英语教学中英语修辞格的赏析 [J]. 英语广场，2013(10)：97-99.

[21] 夏俊萍 . 浅析大学英语教学中学生修辞鉴赏能力的培养 [J]. 吉林工程技术师范学院学报，2014(10)：68-70.

[22] 张红 . 浅谈英语教学中常见的修辞 [J]. 教师，2015(11)：47-48.